Ich gehe in die 2. Klasse

Großschreibung, Kleinschreibung

A Die Ich-Seite

Das bin ich

Ich heiße _____.
Ich bin _____ Jahre alt.
Ich wiege _____ Kilogramm.
Ich bin _____ Zentimeter groß.
Ich habe _____ Haare.
Ich wohne in _____.

Das spiele ich gern:
Das esse ich gern:
Das trinke ich gern:
Das ist mein Lieblingsfach:
Mein liebstes Buch heißt:
Mein Lieblingstier:
Mein bester Freund heißt:
Meine beste Freundin heißt:

„Seit dreißig Jahren bin ich jetzt Lehrer. Welche Wörter habe ich wohl am häufigsten von den Schülern gehört?"

„Richtig!"

„Ich weiß nicht!"

Rate mal, es ist nicht schwer!

Silbentrennung; Wörter auf- und abbauen

A Silben

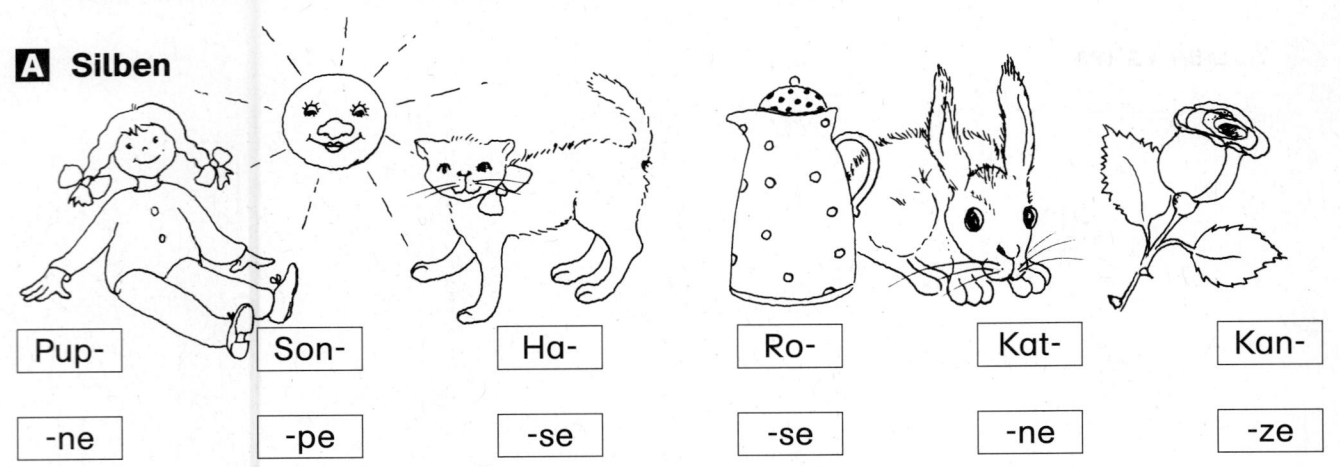

| Pup- | Son- | Ha- | Ro- | Kat- | Kan- |
| -ne | -pe | -se | -se | -ne | -ze |

1. Setze die Wörter richtig zusammen:

   Puppe,

2. Sprich die Wörter, schwinge oder klatsche dazu: Puppe, ...
3. Welche Wörter reimen sich auf diese Wörter?
   Nase, Wanne, Tonne, Tatze, Suppe, Hose
   Schreibe so: *Nase – Hase,*
   Wanne – ...

4. Reimwörter ergänzen:

   Es war einmal ein Hase,

   der fiel auf seine _____.

   Die große Tonne

   steht in der _____.

   Sie hebt ihre Tatze,

   die kleine _____.

   Mit Wasser aus der Kanne

   füllt man seine _____.

B Wörter aufbauen und abbauen

5. Lies von oben nach unten!

H	F
Ha	Fe
Han	Fes
Hand	Fest
Han	Fes
Ha	Fe
H	F

6. Baue diese Wörter auf und ab:
   Mund, Name, Vogel!

   Und was reimt sich auf Fuchs?

Rate mal, es ist nicht schwer!
Silbentrennung

A Silben raten

malen ✹ rechnen ✹ schneiden ✹ lesen ✹ rufen ✹ schreiben ✹ kleben ✹ laufen

1. Verbinde die Wörter mit den passenden Bildern durch einen Strich!
2. Sprich die Wörter, schwinge oder klatsche dazu: malen, …!
   Wie oft schwingst oder klatschst du?
3. Schreibe die Wörter so auf: *ma-len*, …

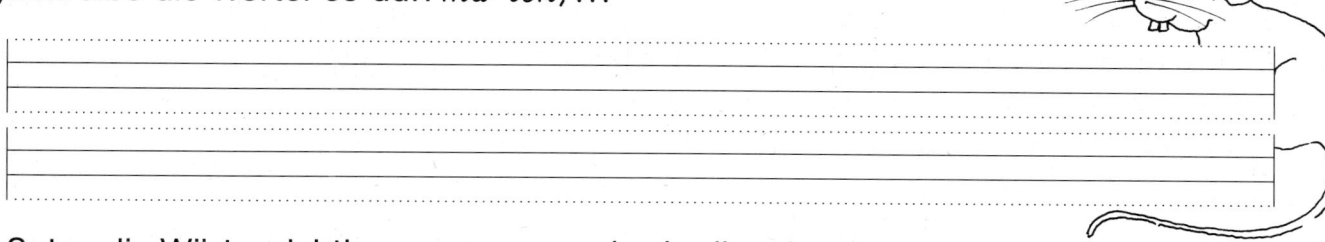

4. Setze die Wörter richtig zusammen und schreibe sie auf!
   So: *anmalen*, … Sprich die Wörter, schwinge oder klatsche!

an-	rech-	-len
aus-	ma-	-nen
vor-	kle-	-sen
auf-	le-	-ben
weg-	schie-	-fen
auf-	lau-	-ben
aus-	ru-	-den
an-	schnei-	-fen

Lisa kann schön | sch | .
Kevin will lieber | m | .
Ali kann schnell | r | .

Wie oft kannst du bei Fuchs schwingen?

5. Welche Buchstaben musst du ergänzen?

Rate mal, es ist nicht schwer!

Kleinschreibung

A Rätsel mit Wiewörtern

rund ✳ süß ✳ klein ✳ nass ✳ heiß ✳ schnell

1. Welche Wörter passen zu den Bildern?
   Verbinde mit einem Strich!
2. Welche Wörter gehören in die Lücken?

Der Ball ist _____ wie eine Kugel.

Marmelade schmeckt gut. Sie ist _____.

Feuer ist immer _____.

Das Flugzeug fliegt _____.

Eine Maus ist ziemlich _____.

Im Wasser wird der Schwamm _____.

3. Welche Wörter reimen sich?
   weiß, kalt, klein, gesund, rund, heiß, alt, rein
   Stelle die Reimpaare zusammen: *weiß – heiß, ...*

4. Schreibe drei Gegensatzpaare auf!
   schwarz   sauer   groß   trocken   kalt   langsam   neu
   Schreibe so: *schwarz – weiß, ...*

Rate mal, es ist nicht schwer!

Alphabet

A Das ABC – zum Nachschreiben und Üben

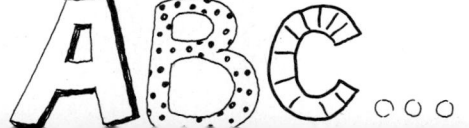

Rate mal, es ist nicht schwer!

Lernwörter

A 14 Lernwörter

Wer kann das raten?
Sagst du mir den Vogel an,
der seinen Namen rufen kann?

1. Schreibe den Text ab!

2. Erkennst du die Lernwörter?

w--	d-n	--nn
d-r	m--	ra---
-u	ru---	-ei---
a-	--s	---st

3. Welche Wörter gehören zusammen?
sagen, ruft, kannst, rätst, sagst, kann, sagt, rufst, können, rät, rufen, raten
Schreibe so: *sagen – sagst – sagt, …*

4. Erkennst du die Wörter aus dem Text?
Vorsicht: Zum 6. Strichbild passen 2 Wörter.

| ||| | || | ||| | || | |||||| |
| |||| | ||| | ||||| | ||||| |

Wir mögen Tiere
Selbstlaute

A Wer sind die fünf?

▪msel, ▪sel, ▪gel, ▪bstmade
und die ▪nke auch
guckten in jeden Graben,
durchsuchten jeden Strauch.

Sie hatten fünf verloren
und sagten zu mir: Du,
sei lieb und hilf uns rufen:
A E I O U !

Josef Guggenmos

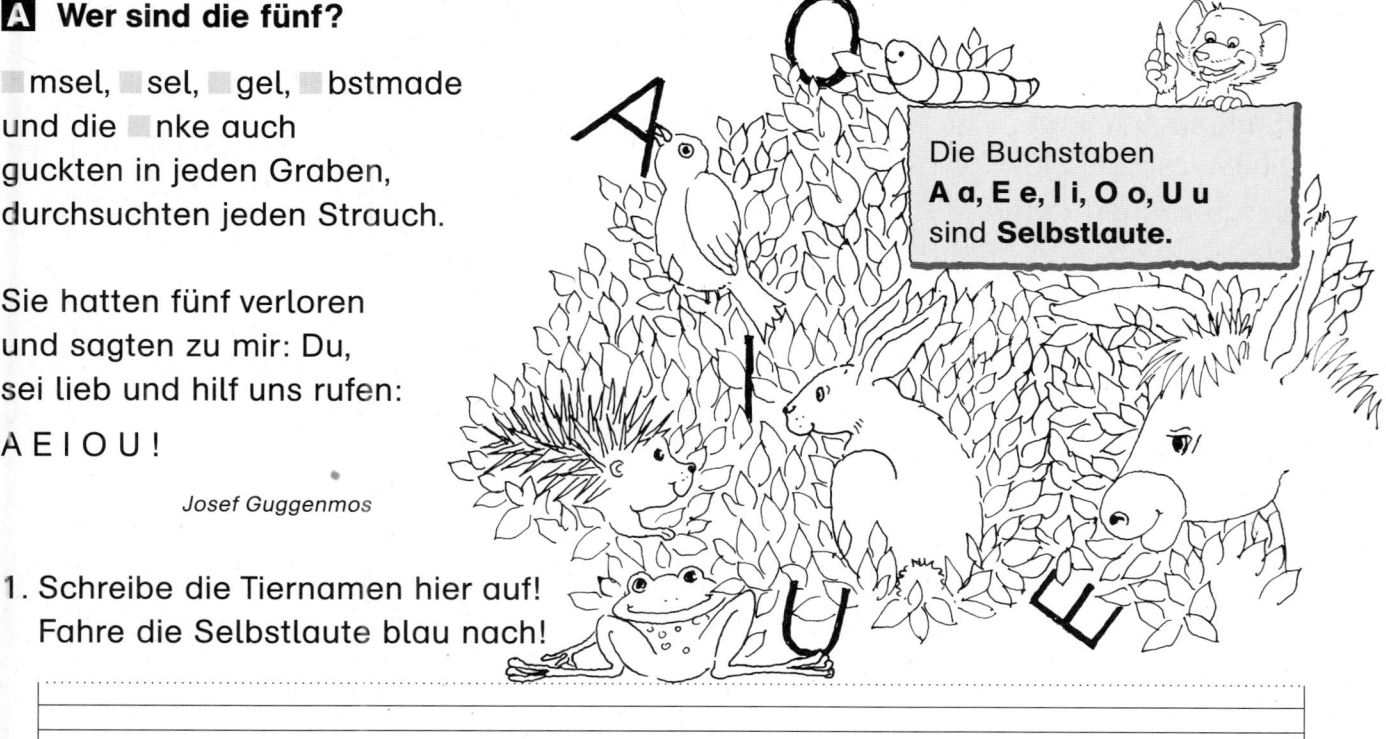

Die Buchstaben
A a, E e, I i, O o, U u
sind **Selbstlaute.**

1. Schreibe die Tiernamen hier auf!
   Fahre die Selbstlaute blau nach!

B Selbstlaute austauschen

H**a**nd, F**a**ll, H**u**hn, H**o**se, **E**gel, R**a**st

2. Tausche Selbstlaute aus!
   Schreibe die neuen Wörter hier auf:

   Hund

C Diesen Tieren fehlt etwas

Has▪ * Ig▪l * H▪nd * K▪h * ▪nte
K▪tze   Pf▪rd   ▪ffe   Fr▪sch   Es▪l

F▪chs:
Und was fehlt hier?

3. Welche Buchstaben fehlen?
   Schreibe die Wörter auf!

Wir mögen Tiere
Umlaute

A Lass dich nicht erwischen!

Drei kleine Häschen
aßen ein Käschen,
schleckten ein Müschen,
verschwanden in Büschen.
Hans Manz

Ä, ä
Ö, ö   sind **Umlaute**.
Ü, ü

groß   **klein**

1. Lies! Bei welchem Wort musst du aufpassen?

B Aus a wird ä

Hase, Nase, Hand, Gans, Hahn, Arm, Katze, Ärmchen, Händchen, Häschen, Näschen, Gänschen, Hähnchen, Kätzchen

2. Wie gehören die Wörter zusammen?
   Schreibe so: *Hase – Häschen, ...*

C Aus o wird ö

Vogel   – Körbchen
Kopf   – Flöhchen
Floh   – Fröschlein
Frosch – Vögelchen
Korb   – Köpfchen

3. Ordne die Wörter zu!
   Schreibe sie auf!

D Aus u wird ü

Huhn   – Hütchen
Fuß   – Blümchen
Hund   – Hühnchen
Hut   – Hündchen
Blume   – Füßchen

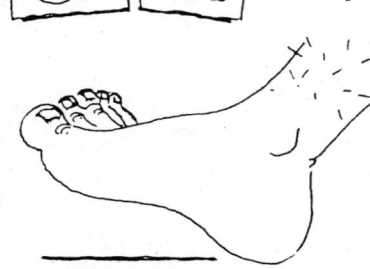

4. Ordne und schreibe auf!
5. Suche dir vier Wörter aus!
   Baue sie auf und ab
   (wie Aufgabe 5 auf Seite 2)!

Wir mögen Tiere

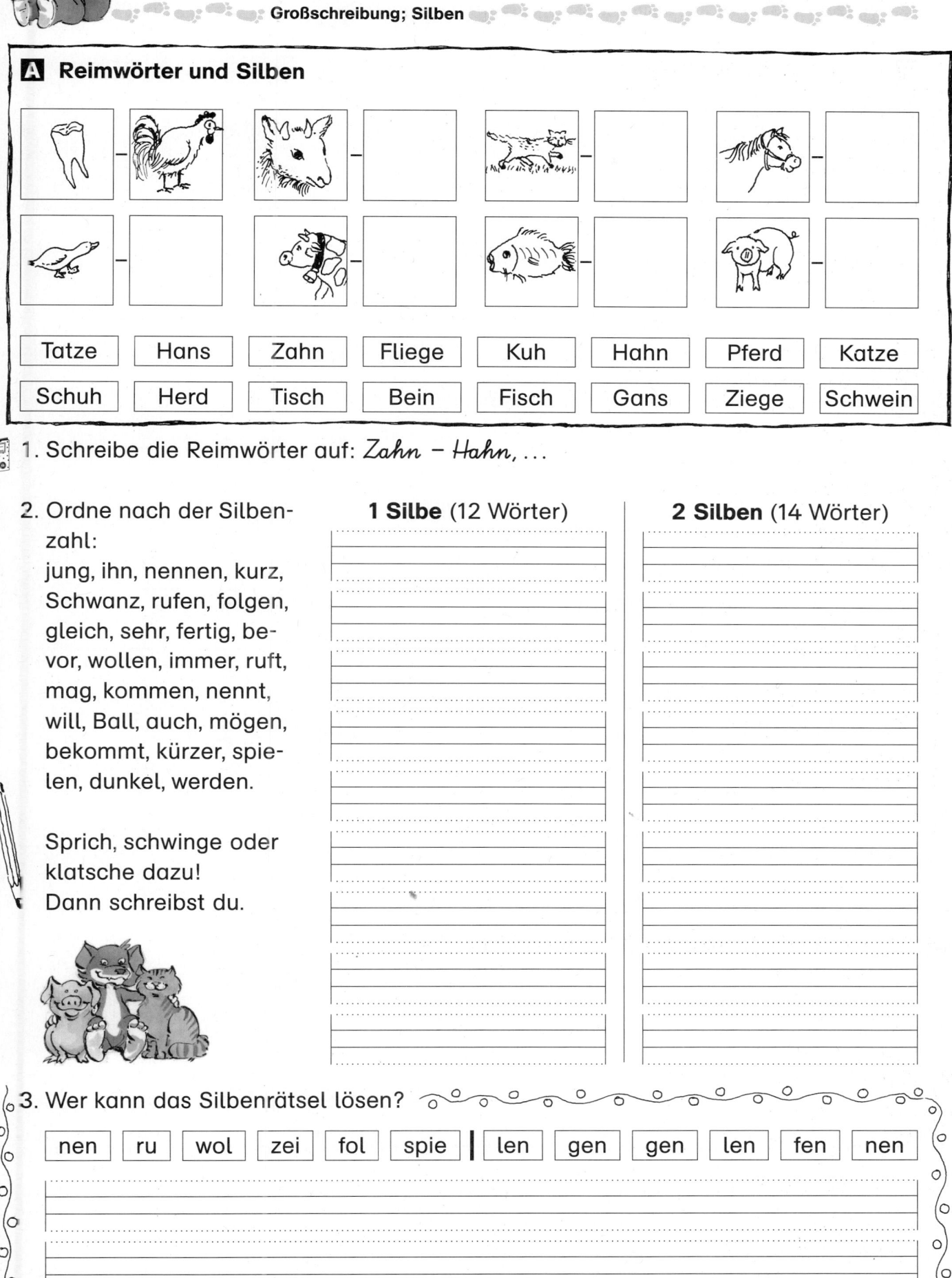

Großschreibung; Silben

A Reimwörter und Silben

| Tatze | Hans | Zahn | Fliege | Kuh | Hahn | Pferd | Katze |
| Schuh | Herd | Tisch | Bein | Fisch | Gans | Ziege | Schwein |

1. Schreibe die Reimwörter auf: Zahn – Hahn, ...

2. Ordne nach der Silbenzahl:
jung, ihn, nennen, kurz, Schwanz, rufen, folgen, gleich, sehr, fertig, bevor, wollen, immer, ruft, mag, kommen, nennt, will, Ball, auch, mögen, bekommt, kürzer, spielen, dunkel, werden.

Sprich, schwinge oder klatsche dazu!
Dann schreibst du.

1 Silbe (12 Wörter)

2 Silben (14 Wörter)

3. Wer kann das Silbenrätsel lösen?

| nen | ru | wol | zei | fol | spie | len | gen | gen | len | fen | nen |

Wir mögen Tiere

Selbstlaute, Umlaute, Mitlaute; Alphabet

A Laute und Buchstaben

1. Trage die Selbstlaute ein!

2. Trage die Umlaute ein!

3. Trage hier die Mitlaute ein!

4. Trage die fehlenden Buchstaben ein!

A		C		E		G		I	J		L
	O	P	Q			T				X	

5. Schreibe ein Lücken-ABC (Kleinbuchstaben)! Dein Nachbar ergänzt.

6. Dein Nachbar schreibt ein Lücken-ABC (Großbuchstaben)! Du ergänzt!

Ein Elefant und eine Maus gehen über eine Holzbrücke.
Da sagt die Maus zu dem Elefanten:
„Hörst du, wie wir trampeln?"

Wir mögen Tiere

Lernwörter

A 22 Lernwörter

Lisa hat einen Hund bekommen.
Sie nennt ihn Bello. Bello ist jung
und hat einen kurzen Schwanz.
Wenn Lisa ruft: Bello, komm! folgt er gleich.
Er will immer Ball spielen.

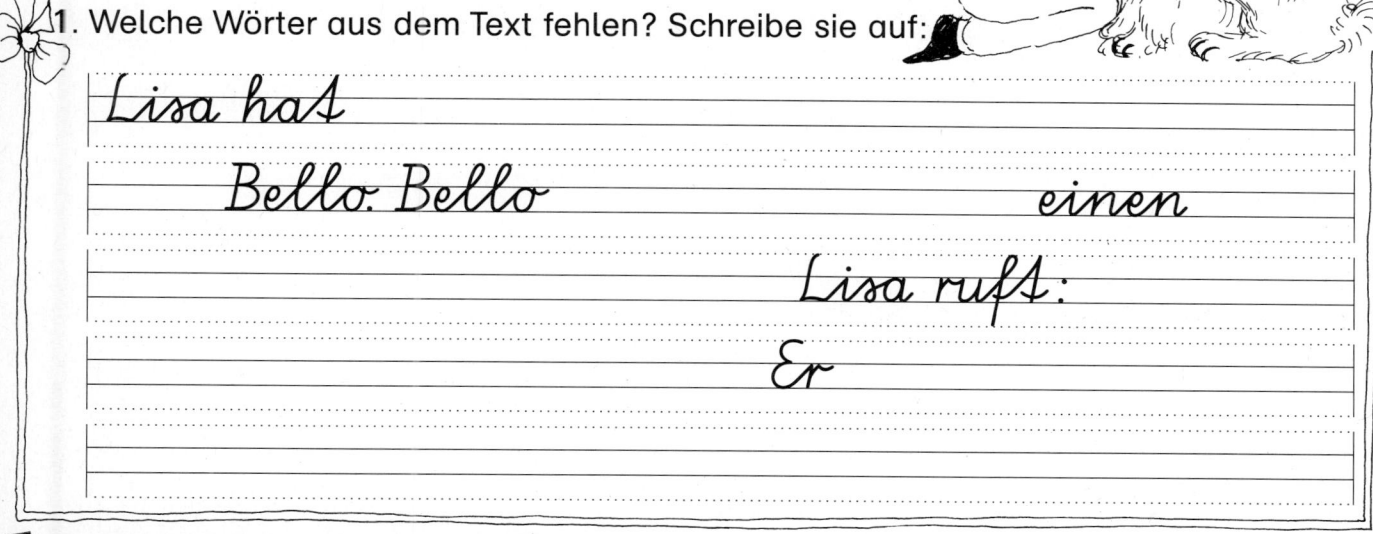

1. Welche Wörter aus dem Text fehlen? Schreibe sie auf:

   Lisa hat
   Bello. Bello   *einen*
          Lisa ruft:
   Er

2. Baue diese Wörter ab und gleich wieder auf:
   Hund, wenn, gleich, immer, Ball, einen, jung!

3. Immer drei Wörter gehören zusammen:
   haben, nennen, bin, kommen, folgen, sein, hast, hat,
   nennst, bist, kommst, kommt, folgst, wollen, spielt, spielst,
   willst, rufst, nennt, ruft, hat, folgt, will, rufen, spielen?
   Schreibe so: *haben – hast – hat, sein – bin – bist, ...*

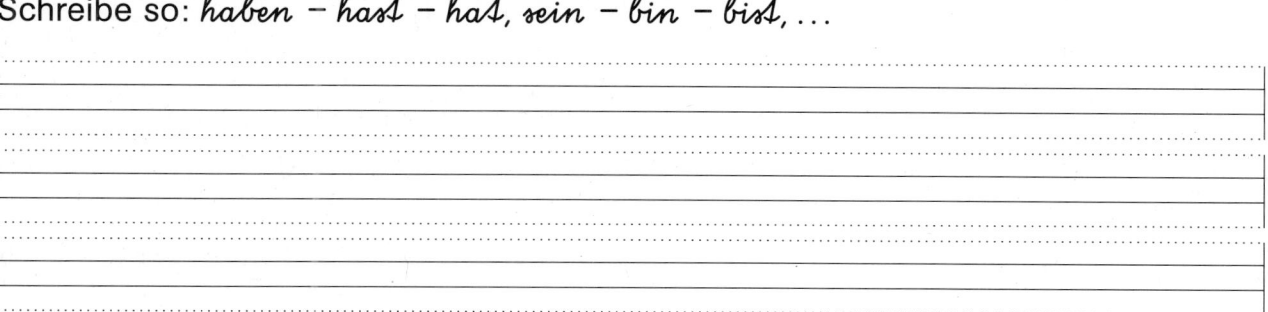

4. Schreibe Reimwörter auf:

Hund	ein	ist	wenn	er	weich
M	m	b	d	w	gl
r	d	M		d	T

Auf der Straße
Großschreibung

A Wörter suchen

1. Hier sind waagerecht acht Wörter versteckt. Schreibe sie auf!

```
A B C D W E G F
G H I A U T O J
K F A H R R A D
L M N B U S O P
Q H S C H U L E
F A M P E L S T
L I C H T U V W
X S T R A ß E Y
```

W

B Wörter und Sätze suchen

ANNAHATEINNEUESRADBEKOMMENSIE
ISTSEHRSTOLZDARAUFMITIHREMVATERUND
IHRERMUTTERHATSIEOFTGEÜBT

2. Wo enden die einzelnen Wörter?
   Teile sie durch Striche ab.
3. Wo enden die drei Sätze?
   Setze die drei Punkte an den Satzenden.
4. Überlege: Welche Wörter schreibt man klein, welche schreibt man groß?
   Schreibe nun die Sätze auf!

Namen und **Namenwörter** schreiben wir mit **großem** Anfangsbuchstaben.
Am **Satzanfang** schreiben wir **groß**.

Anna

Auf der Straße

Großschreibung; Satzzeichen

A Regeln für Buskinder:

Die Kinder	hält.
Der Bus	warten in der Reihe.
Sie	sucht einen Platz.
Jeder	steigen ein.
Alle	läuft herum.
Keiner	bleiben sitzen.

1. Schreibe die Sätze richtig auf!

B Spiele mit Wörtern

HUND – UND, KALT – ALT

2. Was fällt dir auf?
3. Kannst du das auch mit diesen Wörtern?
   NACHT – BEI – ZIMMER – WORT – WER – BRENNEN – WARM – ODER – HAUS – MICH
   Schreibe die Wortpaare auf: *Nacht – acht, ...*

4. Hier kannst du am Wortanfang oder am Wortende Buchstaben hinzufügen. Dann entstehen neue Wörter.
   Schreibe die Wortpaare auf: *Wolle – wollen, ...*
   WOLLE■, WAL■, ■UND, ■ROT, ■ER, ■ORT, ■EIN
5. Überprüfe deine Wörter aus Aufgabe 3 und 4 mit der Wörterliste im Sprachbuch! Alles richtig?

Auf der Straße
Alphabet

A ABC-Schlangen

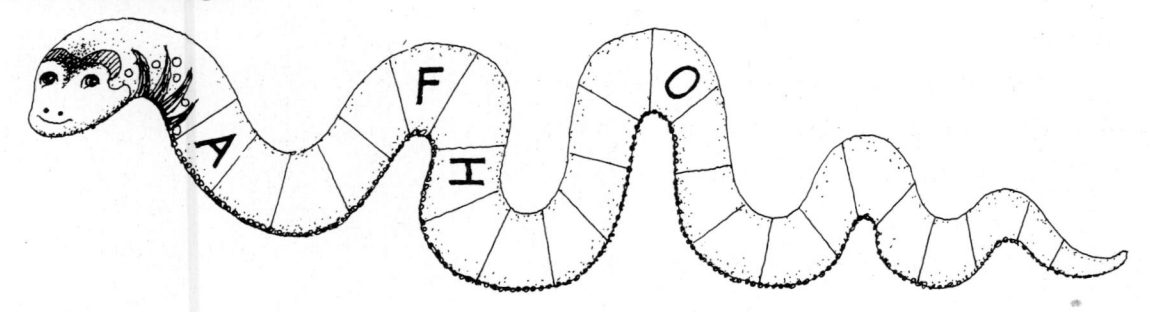

A ... F ... H ... O ...

1. Trage die fehlenden Buchstaben ein!
2. Male eine Schlange! Trage dort die kleinen Buchstaben von a bis z ein!

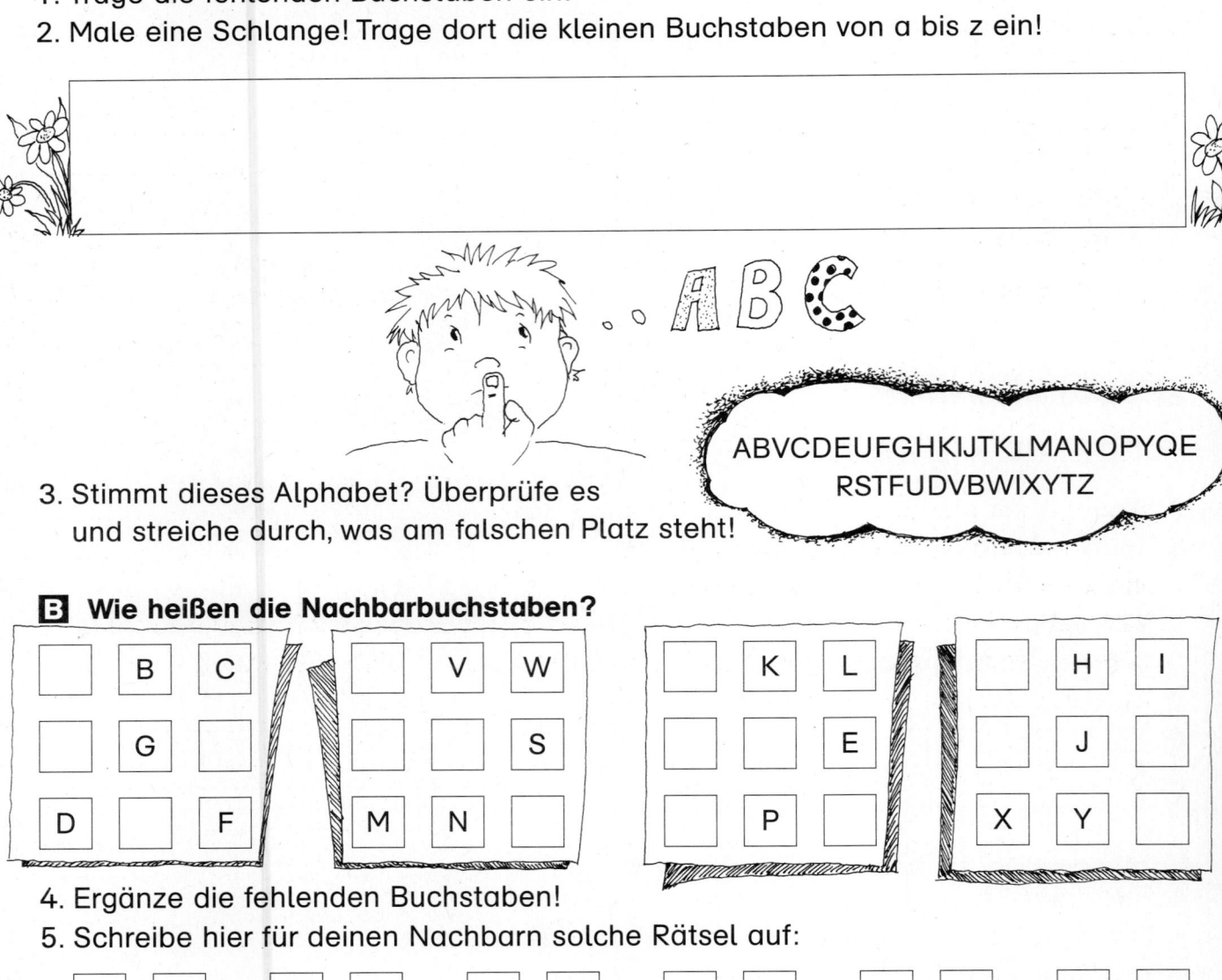

3. Stimmt dieses Alphabet? Überprüfe es und streiche durch, was am falschen Platz steht!

ABVCDEUFGHKIJTKLMANOPYQE
RSTFUDVBWIXYTZ

B Wie heißen die Nachbarbuchstaben?

	B	C		V	W		K	L		H	I
	G				S			E			J	
	D		F		M	N			P			X	Y

4. Ergänze die fehlenden Buchstaben!
5. Schreibe hier für deinen Nachbarn solche Rätsel auf:

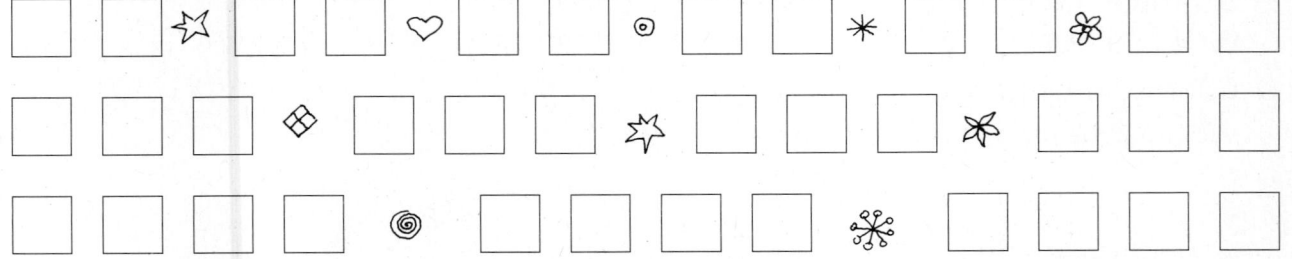

Auf der Straße

Lernwörter; Silbentrennung

A 19 Lernwörter

Der <u>Bus</u> kommt
<u>Alle</u> <u>Kinder</u> <u>warten</u> <u>in</u> <u>einer</u> <u>Reihe</u>, <u>bis</u> der Bus <u>hält</u>.
<u>Jeder</u> <u>steigt</u> ein und <u>sucht</u> <u>schnell</u> seinen <u>Platz</u>.
Die Kinder <u>bleiben</u> <u>sitzen</u>, <u>keines</u> <u>läuft</u> <u>herum</u>.

1. Schreibe die unterstrichenen Lernwörter ab!

2. Sprich die Wörter von Aufgabe 1 deutlich,
   schwinge oder klatsche dazu! Trage dann hier ein!

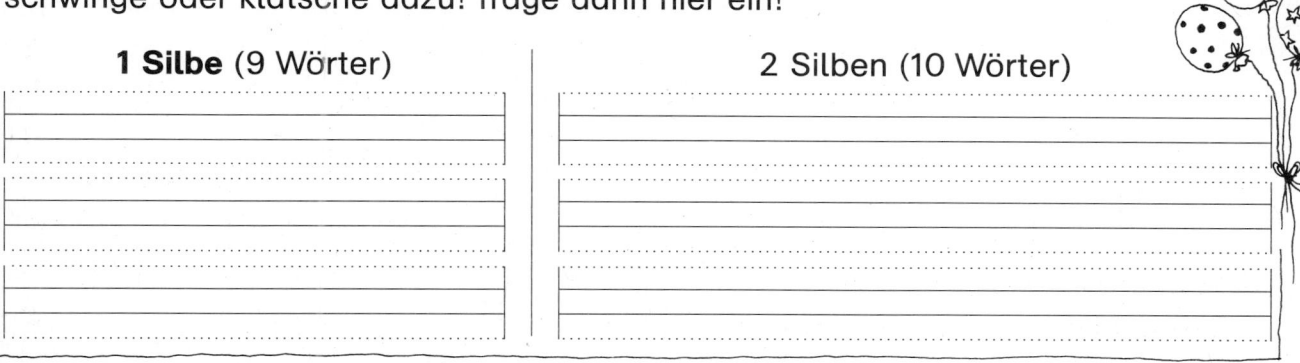

1 Silbe (9 Wörter)	2 Silben (10 Wörter)

3. Welche Wörter gehören zusammen?
   wartest, steigst, suchen, halten, bleibst, sitzt, laufen, sitzen, sucht, hält, läuft, bleiben, warten, suchst, wartet, steigen, hältst, bleibt, läufst, sitzt, steigt
   Schreibe so: *wartest – warten – wartet, ...*

Auf der Straße

Silbentrennung; Lernwörter

A Eine Silbe oder zwei Silben?

Reihe, bis, Bus, halten, warten, steigen, bleiben, spielen, wird, jeder, suchen, schnell, alle, sitzen, herum, laufen, hält, sucht, läuft, bleibt, sitzt, steigt, spielt, laut, Haus, werden, hohe, was, schön, Herr, wartet

1. Sprich, schwinge oder klatsche:
   Wie viele Silben haben die Wörter?
   Ordne und schreibe auf!

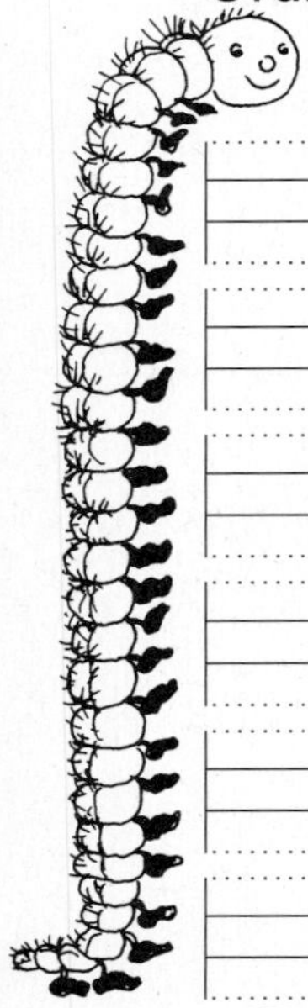

   1 Silbe (16 Wörter)   **2 Silben** (15 Wörter)

2. Suche oben die neun Wortpaare!
   Schreibe so: *halten – hält, …*

3. Kannst du die zehn Lernwörter lesen? Schreibe sie auf!

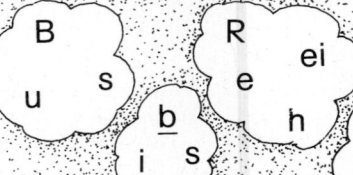

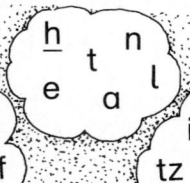

   Bus, Reihe, bis, laufen, halten, sitzen, herum, bleiben, schnell

4. Erkennst du die Lernwörter? Trage ein!

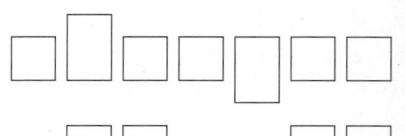

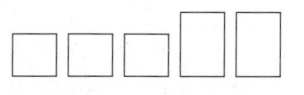

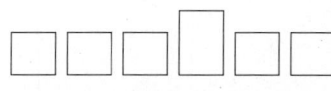

In der Schule

Satzzeichen

A **Aussagesätze, Befehlssätze**

- Das gehört dir nicht
- Morgen komme ich zu dir
- Sprich lauter
- Setz dich gerade hin
- Heute wart ihr sehr aufmerksam
- Gib das Heft her
- Ich mag nicht
- Das klingt sehr gut
- Seid still
- Fang endlich an

1. Lies die Sätze! Setze Punkte und Ausrufezeichen!
2. Unterstreiche die Tuwörter in den Sätzen! Was fällt dir auf?

   In Aussagesätzen steht das Tuwort an der ☐ Stelle.

   In Befehlssätzen steht das Tuwort an der ☐ Stelle.

3. Schreibe Befehlssätze und Aussagesätze mit diesen Wörtern auf:
   Gedicht auswendig lernen – Text abschreiben – Hausaufgaben aufschreiben – Gedicht vortragen – deutlich sprechen – Sätze abschreiben.

> **Befehlssätze** haben am Ende ein **Ausrufezeichen:** !
>
> **Aussagesätze** haben am Ende einen **Punkt:** .

Lernt das Gedicht auswendig!

Ihr lernt das Gedicht auswendig.

In der Schule

Großschreibung

A In der Schule

Fatma geht gern in unsere Schule.
Stefanie ist ihre Freundin.
Beide sitzen an einem Tisch.

1. Suche die beiden Namen im Text! Schreibe sie auf!

2. Wie heißen die drei Namenwörter? Schreibe sie auf! Unterstreiche die großen Anfangsbuchstaben!

3. Schreibe den Text ab: Wort für Wort, wie du es gelernt hast!

B Ein Lückentext

Der _____ der 2. _____ hat eine _____ und fünf _____. Es gibt elf _____ und viele _____. An den Fenstern stehen _____. Neben der Tür hängen viele _____. In der großen Pause sind wir auf dem _____.

4. Wohin gehören diese Wörter: Bilder, Blumen, Stühle, Klasse, Fenster, Tische, Tür, Schulhof, Raum?

5. Schreibe den Text vollständig auf! Unterstreiche die großen Anfangsbuchstaben.

In der Schule
sp; st

A Wir sprechen schp – wir schreiben sp

Fritz, der Spitz
Herr Spaßi hat 'nen Hund, den Fritz.
Das ist ein kleiner weißer Spitz.
Herr Spaßi spricht und spielt mit Fritz,
macht Spaß, spaziert mit seinem Spitz.
Auf einmal springt der freche Fritz
ganz plötzlich auf 'nen Autositz.

1. Lies deutlich! Kreise alle Sp/sp farbig ein!

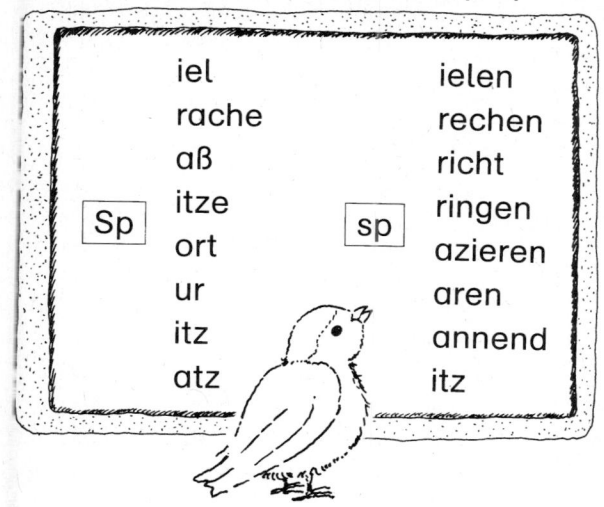

Sp: iel, rache, aß, itze, ort, ur, itz, atz

sp: ielen, rechen, richt, ringen, azieren, aren, annend, itz

2. Ergänze die Wörter und schreibe sie auf!

B Wir sprechen scht – wir schreiben st

stehen, steht, steigen, Stein, stellen, stellt, still, Stoff, stolz, Stunde, Stuhl, Stadt, Stelle, Straße, Stück, Stimme, steigen

3. Lies deutlich! Kreise St/st farbig ein!
4. Sprich, schwinge oder klatsche zu den Wörtern! Trage sie in die Tabelle ein!

1 Silbe (9 Wörter)	**2 Silben** (8 Wörter)

5. Suche dir vier Wörter mit Sp oder St aus!
   Baue sie auf und ab!

In der Schule

Lernwörter

A 15 Lernwörter

Ein neuer Schüler

Ali ist neu in der Klasse. Er weiß noch
nicht viele Wörter. Er ist uns noch fremd.
Aber er kann gut zeichnen und weit werfen.

1. Schreibe die unterstrichenen Lernwörter auf!
   Schreibe sie farbig nach!

   neuer,

2. Welche Silben gehören zusammen? Schreibe auf!
   Sprich die Wörter dann und klatsche dazu!

Schü	Wör	
Klas	zeich	neu
vie	wer	

nen	se	
ter	er	le
fen	ler	

3. Erkennst du die Lernwörter? Schreibe sie auf!

4. Findest du die Reimwörter?

   teuer   heiß   Hemd   Hut   seit

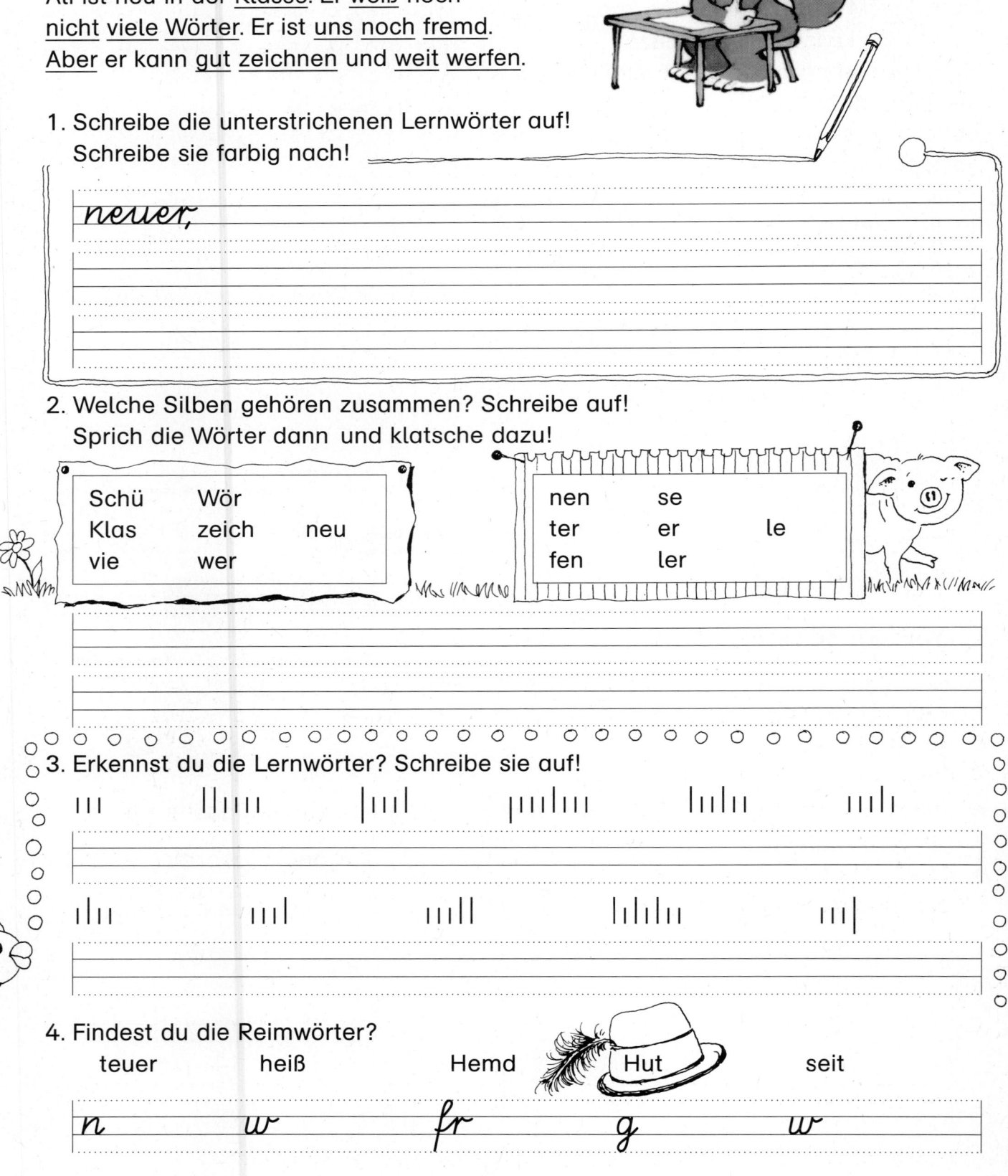

   n   *w*   *fr*   *g*   *w*

Zu Hause
Wortbausteine, Silbentrennung

A Zusammengesetzte Tuwörter

1. Setze möglichst viele Tuwörter zusammen!

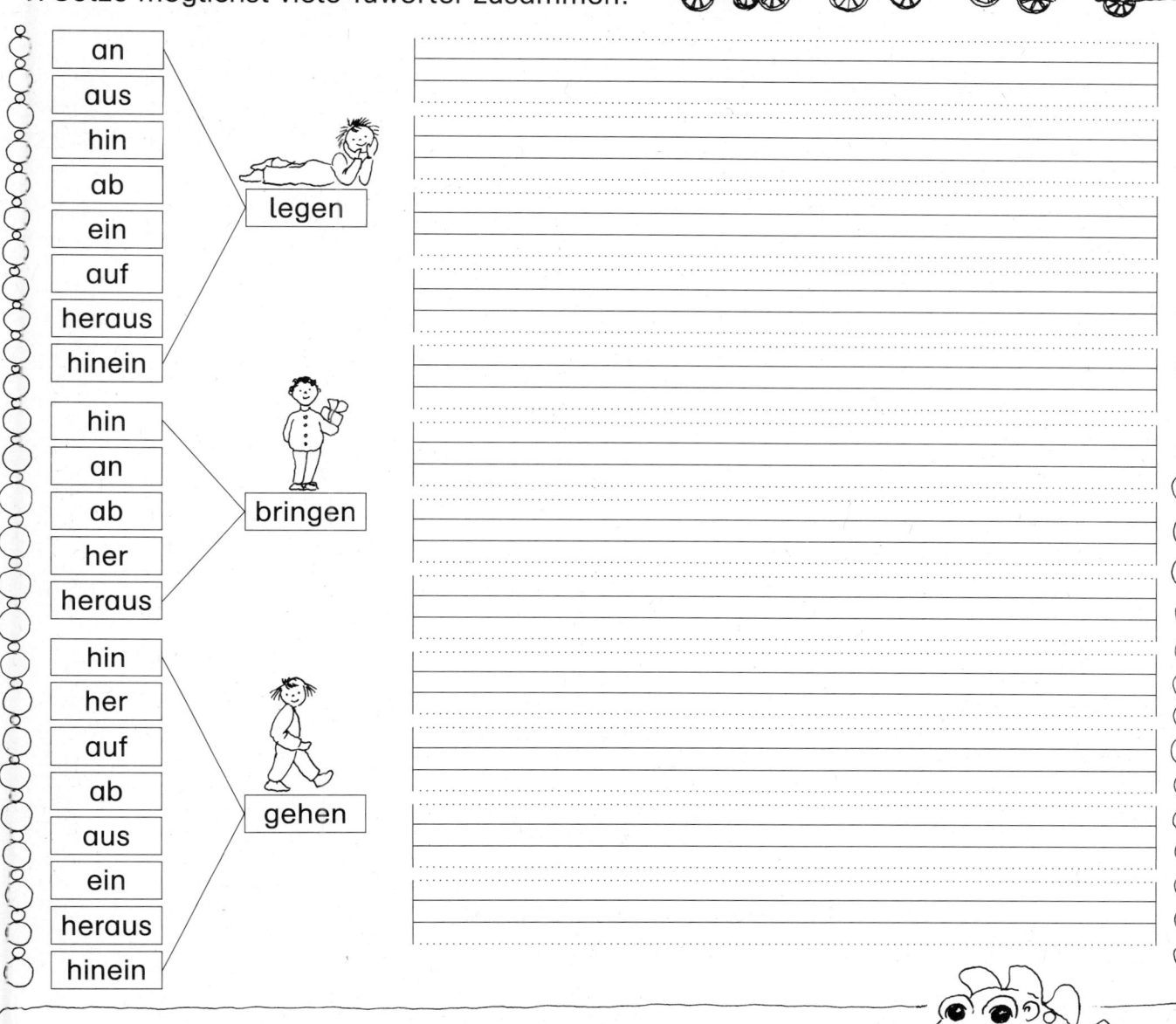

an, aus, hin, ab, ein, auf, heraus, hinein → **legen**

hin, an, ab, her, heraus → **bringen**

hin, her, auf, ab, aus, ein, heraus, hinein → **gehen**

2. Suche dir zehn Wörter heraus! Sprich sie deutlich!
   Trenne sie nach Sprechsilben, schwinge oder klatsche dazu!
   Schreibe sie dann so auf: *an-le-gen*, ...

3. Suche dir fünf Tuwörter aus! Denke dir passende Sätze zu ihnen aus:
   Wir legen ein Beet an.

Zu Hause

Lernwörter, Silbentrennung

A 21 Lernwörter

Kevin geht spielen
Kevin freut sich schon. Für die Schule hat er
genug gearbeitet. Am Nachmittag kann er zu Stefan
gehen. Der hat eine Menge Spielsachen. Es sind auch
Puppen, Tiere aus Stoff und Autos da.

1. Setze die Lernwörter ein!
   Schreibe sie dann mit einem Farbstift nach!

   Kevin _____
   Kevin _____ . _____
   hat er _____ . _____
   kann er _____ Stefan gehen. Der hat eine
   _____ . Es _____ auch
   _____ , _____ und _____ da.

2. Welche Wörter gehören zusammen:
   sich freuen, spielt, arbeiten, gehen, Nachmittage, Mengen, Puppe,
   Tier, Stoffe, Auto, freut sich, geht, spielen, Tiere, gearbeitet,
   Nachmittag, Stoff, Menge, Puppen, Autos, Spielsachen?
   Schreibe so: *gehen – geht, spielen – spielt – Spielsachen, …*

3. Sprich die unterstrichenen Lernwörter im Text deutlich!
   Schwinge oder klatsche dazu!
   Trage sie in solch eine Tabelle ein!

1 Silbe (11 Wörter)	**2 Silben** (6 Wörter)	**3 Silben** (2 Wörter)	**4 Silben** (1 Wort)
geht,	spielen,		

Dein Körper

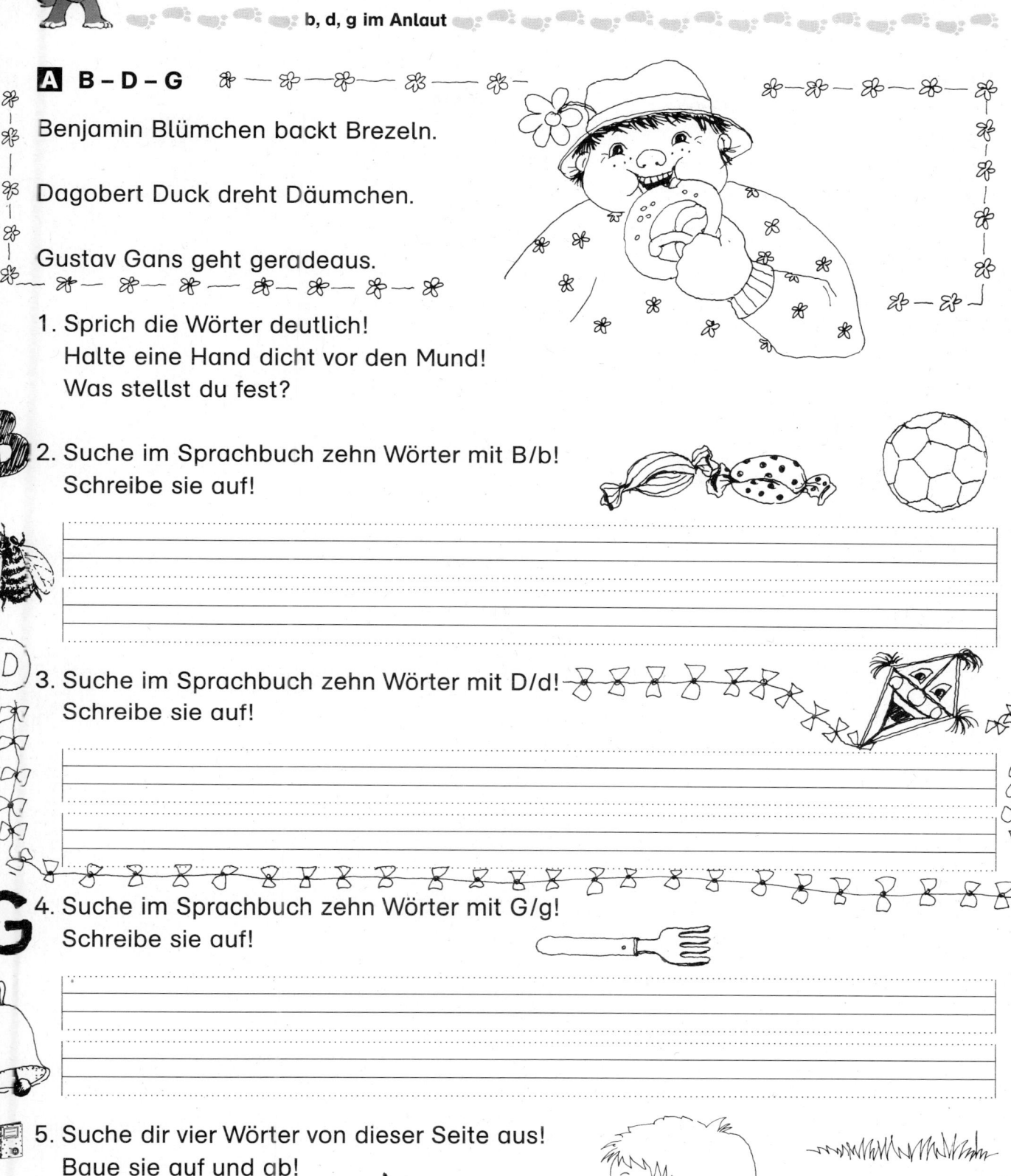

b, d, g im Anlaut

A B – D – G

Benjamin Blümchen backt Brezeln.

Dagobert Duck dreht Däumchen.

Gustav Gans geht geradeaus.

1. Sprich die Wörter deutlich!
   Halte eine Hand dicht vor den Mund!
   Was stellst du fest?

B 2. Suche im Sprachbuch zehn Wörter mit B/b!
   Schreibe sie auf!

D 3. Suche im Sprachbuch zehn Wörter mit D/d!
   Schreibe sie auf!

G 4. Suche im Sprachbuch zehn Wörter mit G/g!
   Schreibe sie auf!

5. Suche dir vier Wörter von dieser Seite aus!
   Baue sie auf und ab!

Dein Körper

k, p, t im Anlaut

A K – P – T

Kevin kauft kalten Kaffee.

Patrick packt Peters Päckchen.

Tanja trinkt tollen Tee.

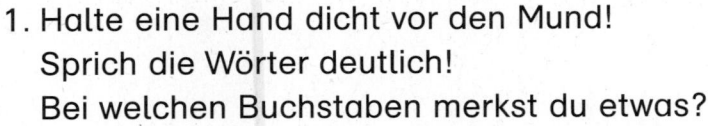

1. Halte eine Hand dicht vor den Mund!
   Sprich die Wörter deutlich!
   Bei welchen Buchstaben merkst du etwas?

2. Suche im Sprachbuch zehn Wörter mit K/k!
   Schreibe sie auf!

3. Suche im Sprachbuch zehn Wörter mit P/p!
   Schreibe sie auf!

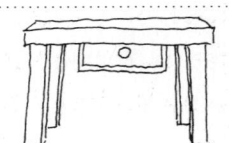

4. Suche im Sprachbuch zehn Wörter mit T/t!
   Schreibe sie auf!

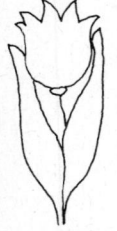

5. Suche dir vier Wörter von dieser Seite aus!
   Baue sie auf und ab!

Dein Körper

b, d, g – k, p, t im Anlaut

A Welche Buchstaben fehlen?

▪LÖCKCHEN ▪LINGELN LEISE.   ▪ROT ▪RAUCHEN ALLE.
▪EIER FLIEGEN HOCH.   ▪REISE ▪URZELN.
▪ÄSTE SITZEN AM ▪ISCH.   ▪LATZ, ▪LUTO!
DAS EIS SCHMECKT ▪ALT.   MAN ▪ARF ▪ORT.
AM ▪ESTEN   ▪RÜBEN ▪ARKEN.
▪REISRUND.   DIE ▪AFEL IST ▪ROCKEN.

1. Ergänze die fehlenden Buchstaben!
   Die Wörter bei **B** helfen dir.
   Schreibe die Wörter auf: *Glöckchen*, …

B Weich oder hart?

Glöckchen, Gäste, Geier, dort, drüben, besten,
klingeln, kalt, kreisrund, Brot, Preise, Platz,
darf, parken, Pluto, Tafel, trocken, brauchen,
purzeln, Tisch, besten, geben, dir, gesund,
Tür, kein, Kopf, bei, das, Klasse, klar

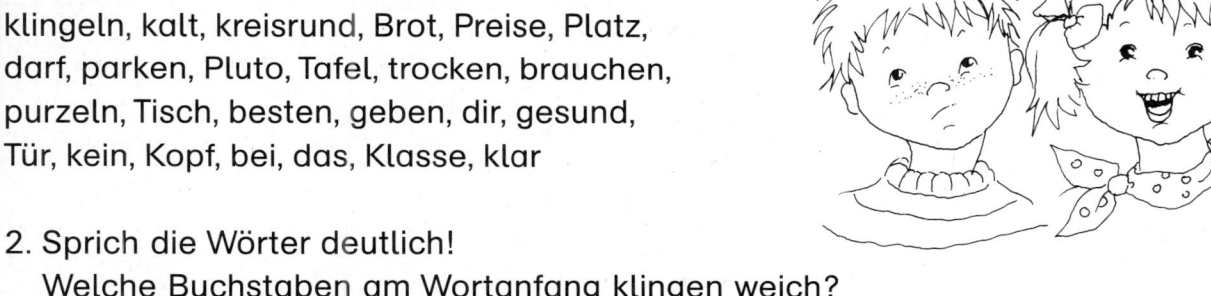

2. Sprich die Wörter deutlich!
   Welche Buchstaben am Wortanfang klingen weich?
   Welche Buchstaben klingen hart?

3. Trage die Wörter in die Tabelle ein!

weich gesprochen (15 Wörter)	**hart gesprochen** (16 Wörter)

25

Dein Körper

Lernwörter

A 12 Lernwörter

Glück gehabt
Lisa ist gefallen. Ihr Bein ist aufgeschlagen.
Es blutet aber nur leicht. Ihr Freund hilft ihr.
Da habe ich viel Glück gehabt, denkt Lisa.

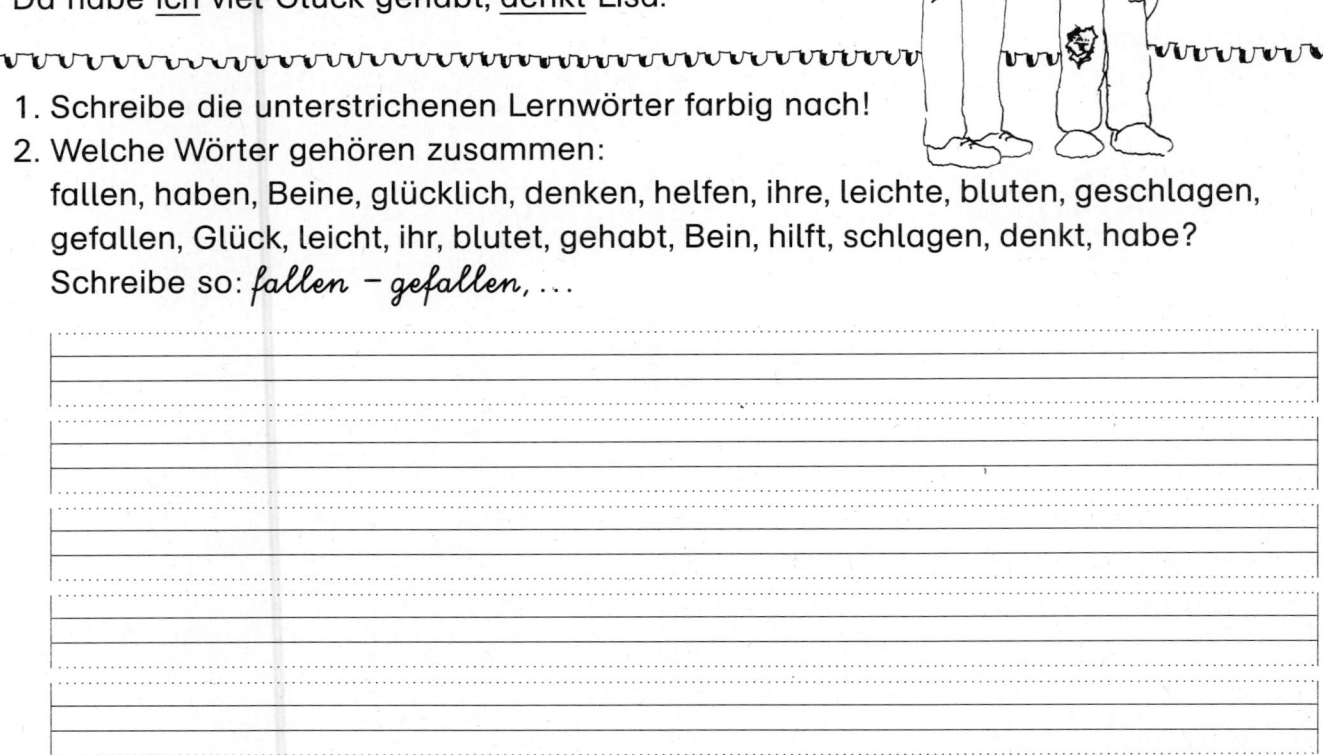

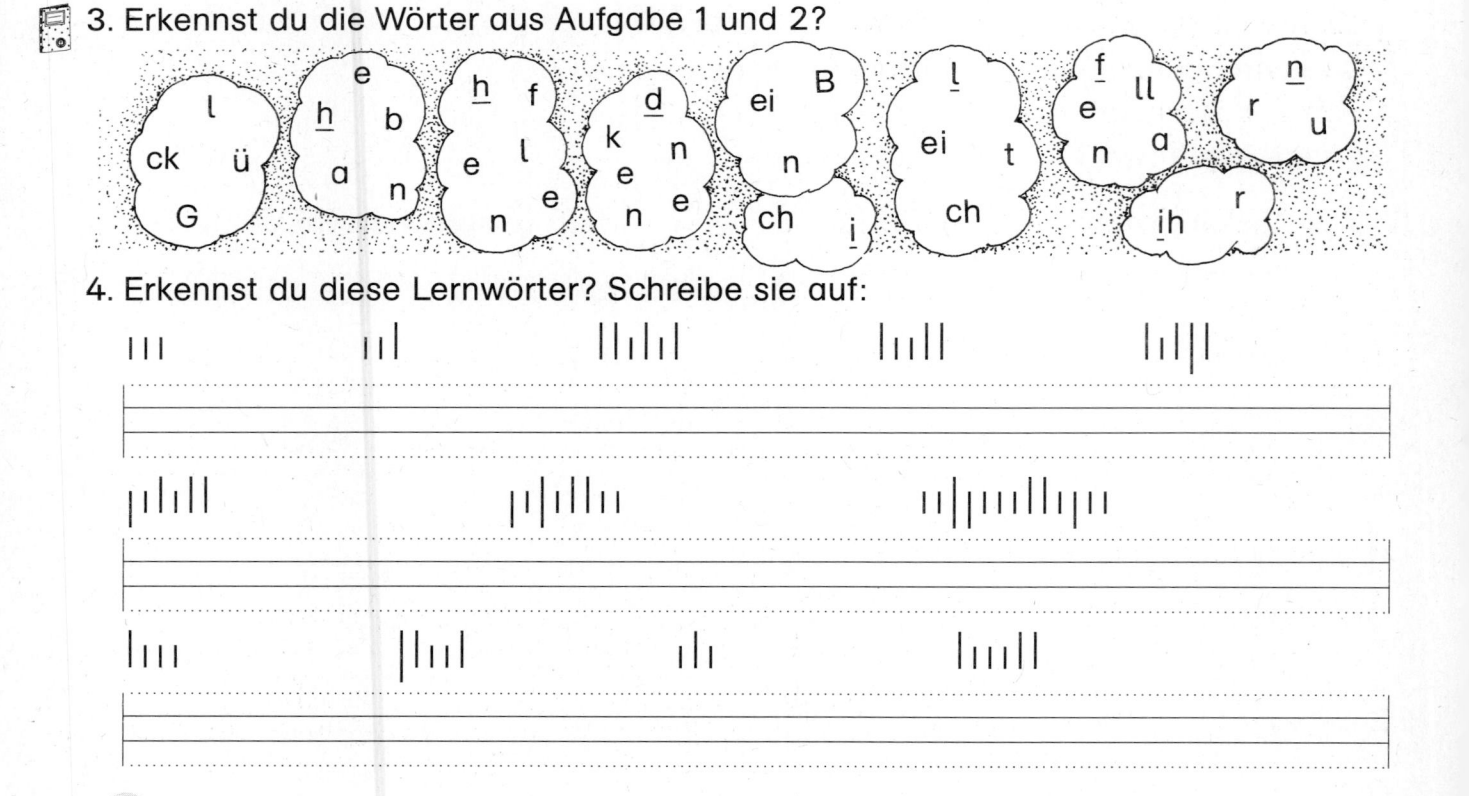

1. Schreibe die unterstrichenen Lernwörter farbig nach!
2. Welche Wörter gehören zusammen:
   fallen, haben, Beine, glücklich, denken, helfen, ihre, leichte, bluten, geschlagen, gefallen, Glück, leicht, ihr, blutet, gehabt, Bein, hilft, schlagen, denkt, habe?
   Schreibe so: *fallen – gefallen, …*

3. Erkennst du die Wörter aus Aufgabe 1 und 2?

4. Erkennst du diese Lernwörter? Schreibe sie auf:

Umweltschutz macht Spaß!

Mitlautverdopplung

A 21 Lernwörter

Alles auf den Müll?
Wirf nicht so viele Sachen weg!
Kein Papier liegen lassen, hebe es auf!
Schau unter dem Tisch nach!
Nimm den Apfel mit!
Auch das Brot kann man noch essen.

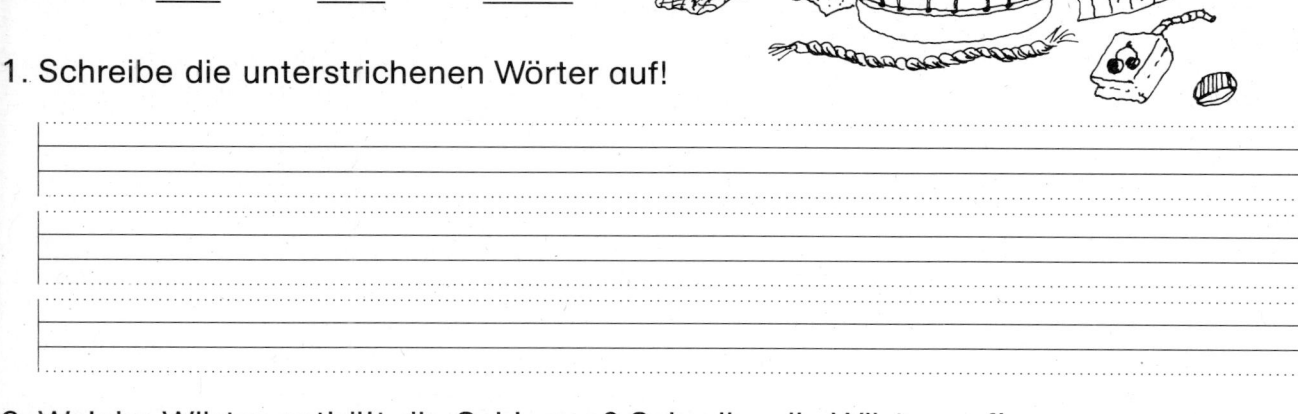

1. Schreibe die unterstrichenen Wörter auf!

2. Welche Wörter enthält die Schlange? Schreibe die Wörter auf!

SACHENBROTAUFHEBENLIEGENSCHAUEN

3. Welche Lernwörter gehören zu diesen Wörtern:
isst, Mülleimer, werfen, lässt, Papiere, liegt, heben, schauen, nehmen, Sache, Tische, Äpfel, Brote?
Schreibe so: *isst – essen, Mülleimer – Müll, ...*

4. Erkennst du die Lernwörter? Schreibe sie auf!

| --ll | -ass-- | --mm | ess-- |
| --ch | w-g | m-n | -ei- |

Umweltschutz macht Spaß!

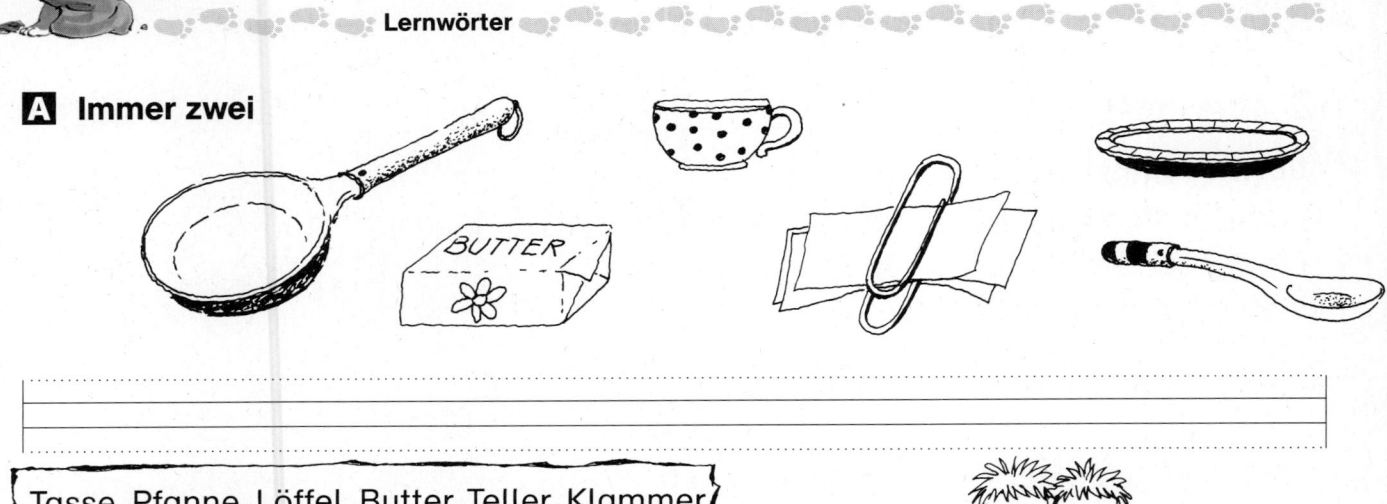

Lernwörter

A Immer zwei

Tasse, Pfanne, Löffel, Butter, Teller, Klammer

1. Ordne die Wörter den Bildern richtig zu!
   Schreibe unter die Bilder!
2. Schau die Wörter genau an! Was fällt dir auf?
3. Kreise die doppelten Mitlaute in den Wörtern farbig ein!
4. Sprich die Wörter deutlich!
   Wie klingen die Selbstlaute vor den doppelten Mitlauten?
5. Sprich die Wörter! Schwinge oder klatsche zu den Silben:
   Tasse, …
6. Schreibe die Wörter getrennt auf: *Tas-se, …*

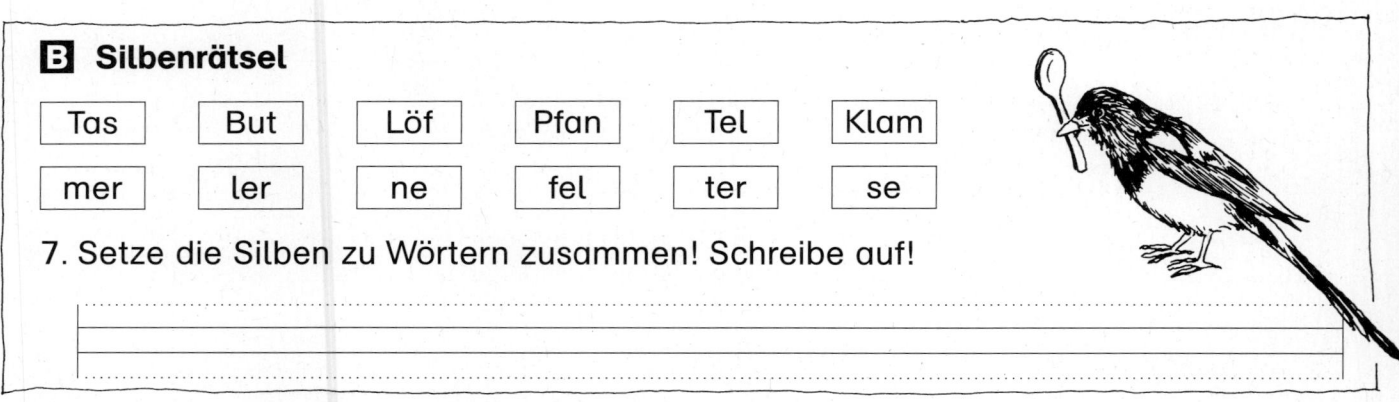

B Silbenrätsel

| Tas | But | Löf | Pfan | Tel | Klam |
| mer | ler | ne | fel | ter | se |

7. Setze die Silben zu Wörtern zusammen! Schreibe auf!

8. Schreibe diese Wörter getrennt auf:
   ☆ wollen, stellen, Stimme, schwimmen, brennen,
   ☆ lassen, offen, essen, Butter
   Schreibe so: *wol-len, …*

Was wächst denn da?

Großschreibung; Silbentrennung

A Stimmt das so?

Unsere Blätter haben Pflanzen. Die Pflanzen sind bunt.
Unsere Blüten haben Blumen. Die Blumen sind grün.

1. Schreibe die Sätze richtig auf:

B Weißt du, warum?

Heute holt die Liese
Blumen auf der Wiese.
„Wiesenblumen pflückt man nicht!"
So zu ihr die Mutter spricht.
Liese fragt: „Warum?"
Mutter sagt: „Darum!"

2. Lies, schwinge oder klatsche dazu!
   Schreibe ab!
   Trenne die Silben: *Heu-te holt ...*

C Silbenrätsel

heu	Blu	Wie	ter	wa	ho	fra
men	te	Mut	se	rum	gen	len

3. Setze richtig zusammen:

Was wächst denn da?

Lernwörter

A **18 Lernwörter**

Blumen
Kevin bringt seiner Mutter selten Blumen mit.
Er kann sie ihr nicht oft kaufen.
Kevin malt die Blumen lieber auf ein Blatt Papier.
Das Bild gibt er dann seiner Mutter und sagt:
„Ich wünsche mir, dass du gesund bleibst."

1. Schreibe die unterstrichenen Lernwörter auf!
   Schreibe sie farbig nach!

2. Welche Wörter gehören zu den Lernwörtern?
   wünschen, bleiben, malen, lieb, Bilder, Mütter, Blume, geben, Blätter, öfter, bringen
   Schreibe so: *Blume – Blumen, ...*

3. Setze die Silben zu Lernwörtern zusammen:

sel	ten	ber
lie	fen	kau
ge	sund	

4. Sprich die Wörter aus Aufgabe 1 deutlich!
   Schwinge oder klatsche dazu!
   Schreibe sie dann in solch eine Tabelle:

1 Silbe (11 Wörter)	**2 Silben** (7 Wörter)
bringt	*Blumen*

Was wächst denn da?

Alphabet; Wörterbuch

A Im Wörterbuch nachschlagen

Im Wörterbuch kannst du nachsehen,
wie Wörter geschrieben werden.
Die Wörter sind dort nach dem ABC geordnet.

1. Wie heißt in deinem Wörterbuch:

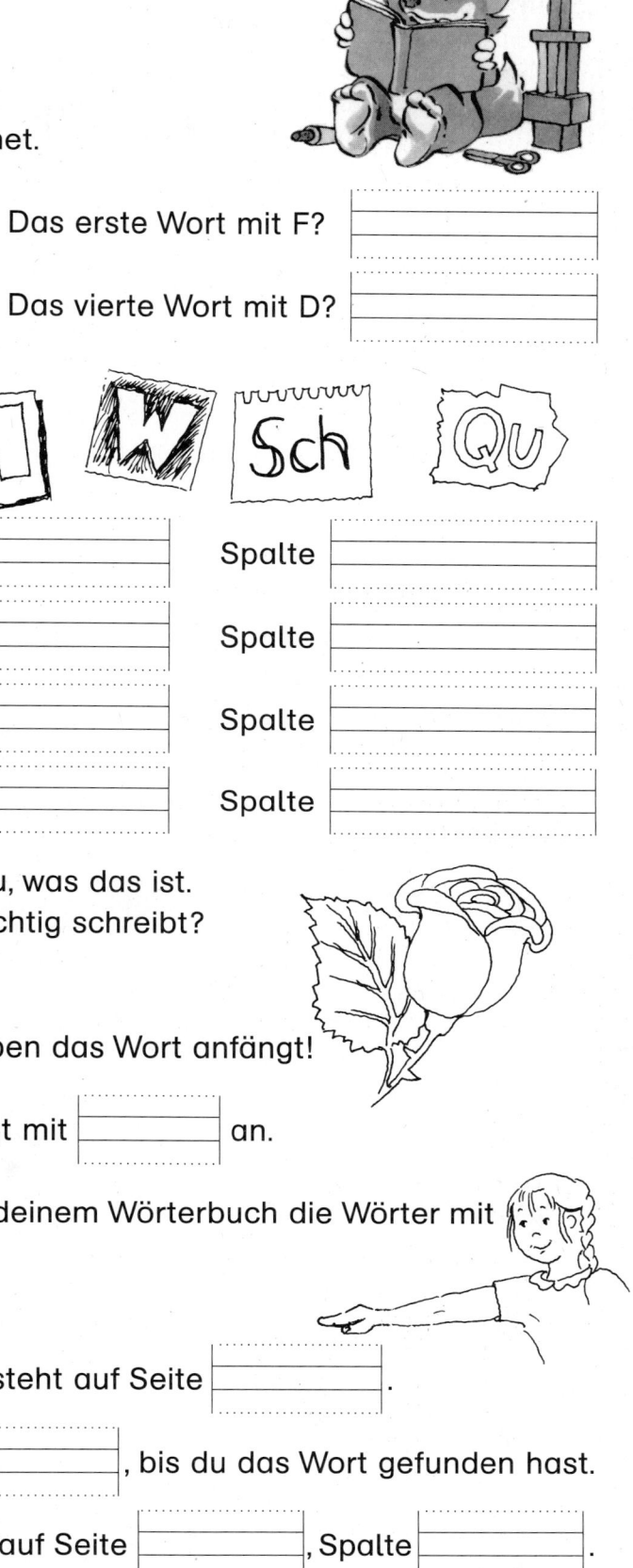

Das erste Wort mit F? _____

Das letzte Wort mit O? _____   Das vierte Wort mit D? _____

Schreibe die gefundenen Wörter auf!

2. Wo steht in deinem Wörterbuch:

Das erste Wort mit H?   Seite _____   Spalte _____

Das erste Wort mit Sch?   Seite _____   Spalte _____

Das erste Wort mit Qu?   Seite _____   Spalte _____

Das erste Wort mit W?   Seite _____   Spalte _____

3. Schau dir das Bild an! Sicher erkennst du, was das ist.
Aber weißt du auch, wie man das Wort richtig schreibt?
Mit diesem Trick findest du es heraus.

🌸 Überlege genau, mit welchem Buchstaben das Wort anfängt!

(Lösung:) Das Wort zu unserem Bild fängt mit _____ an.

🌸 Nun schaue nach, auf welcher Seite in deinem Wörterbuch die Wörter mit

_____ anfangen!

(Lösung:) Das erste Wort mit _____ steht auf Seite _____ .

🌸 Jetzt durchsuchst du alle Wörter mit _____ , bis du das Wort gefunden hast.

(Lösung:) Das Wort _____ steht auf Seite _____ , Spalte _____ .

4. Zum Schluss vergleichst du mit dem Wörterbuch: Hast du richtig geschrieben?

Was wächst denn da?

Alphabet; Wörterbuch

A Im Wörterbuch nachschlagen

Was zeigt das Bild?	Anfangs-buchstabe	Wörterbuch Seite	Spalte	So schreibt man das Wort
(Koffer)	☐	☐	☐	_____
(Maus)	☐	☐	☐	_____
(Katze)	☐	☐	☐	_____
(Auto)	☐	☐	☐	_____
(Baum)	☐	☐	☐	_____
(Frosch)	☐	☐	☐	_____
(Uhr)	☐	☐	☐	_____
(Schlüssel)	☐	☐	☐	_____

Wir basteln, lesen und spielen

Mitlautverdopplung; Silbentrennung

A Säcke mit Reimwörtern

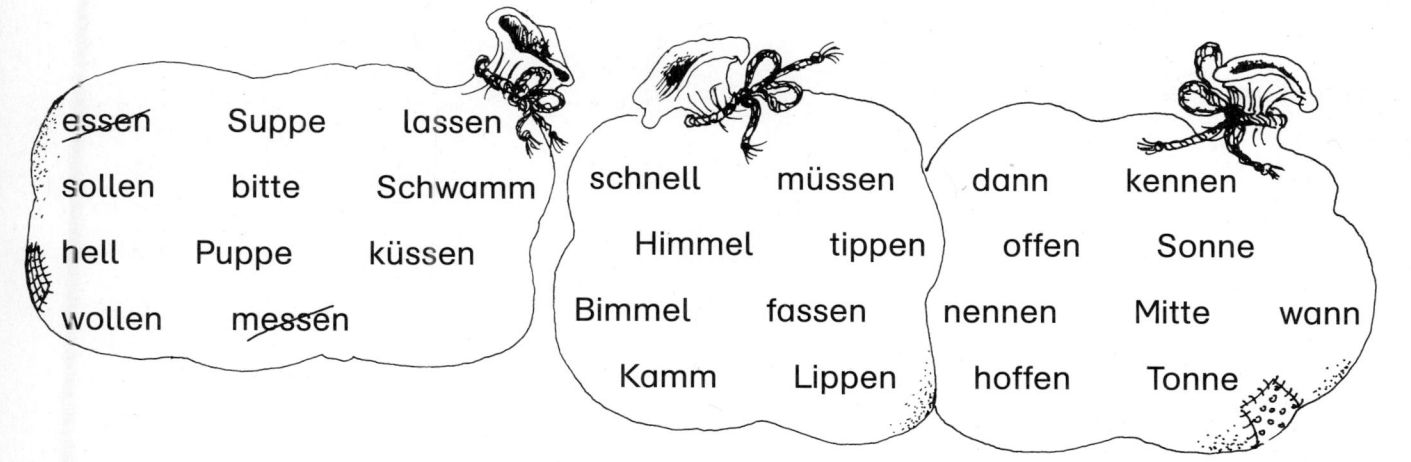

Sack 1: essen, Suppe, lassen, sollen, bitte, Schwamm, hell, Puppe, küssen, wollen, messen

Sack 2: schnell, müssen, Himmel, tippen, Bimmel, fassen, Kamm, Lippen

Sack 3: dann, kennen, offen, Sonne, nennen, Mitte, wann, hoffen, Tonne

1. Immer zwei Wörter reimen sich.
   Schreibe die Reimwörter auf!

   essen – messen,

B Silbenrätsel

2. Setze die Silben richtig zusammen!

| Zim- | of- | ken- | sol- | müs- | las- | Mit- | Pup- |
| -nen | -len | -sen | -pe | -mer | -sen | -te | -fen |

Wir basteln, lesen und spielen

Umlaute ä, ö, ü; chen; lein

A Wörter verwandeln

1. Trage die fehlenden Wörter ein!

groß	klein
das Rad	das Rädchen
der ___	das Äpfelchen
das Blatt	das ___
die ___	das Kätzchen
der Mann	das ___
das ___	das Dörfchen
die Hose	das ___
das ___	das Öhrchen
das Wort	das ___
der ___	das Stöffchen
der Hund	das ___
die ___	das Lüftchen
die Mutter	das ___
der ___	das Mündchen
die Uhr	das ___
der ___	das Zügchen

A/a ist ein **Selbstlaut**.
Ä/ä ist ein **Umlaut**.

O/o ist ein **Selbstlaut**.
Ö/ö ist ein **Umlaut**.

U/u ist ein **Selbstlaut**.
Ü/ü ist ein **Umlaut**.

Wie wird aus einem großen Fuchs ein kleiner?

2. Schau die Begleiter der Namenwörter an. Was fällt dir auf?
3. Suche dir oben zehn Wörter aus!
   Setze lein an die Stelle von chen !
   Schreibe so: *das Rad – das Rädlein, ...*

Wir basteln, lesen und spielen

Satzzeichen; Lernwörter

A Ratespiel

- WERHATMITMEINEMLÖFFELCHENGEGESSEN
- DERWIND,DERWIND,DASHIMMLISCHEKIND
- RAPUNZEL,LASSDEINHAARHERUNTER
- WERISTDIESCHÖNSTEIMGANZENLAND
- ICHBINSOSATT,ICHMAGKEINBLATT
- DASPRACHDIEMUTTER:TÖPFCHEN,KOCHE
- DIEHÄUSERSINDDORTMITPFANNKUCHENGEDECKT

1. Wo enden die Wörter? Zeichne ein!
2. Setze am Satzende immer die richtigen Satzzeichen!
3. In welchen Büchern stehen die Sätze?

B Was gehört zusammen?

kennen	denken	fängt	kennt	fangen	denkt	fängst	kennst	denkst
nimmt	stellst	werden	baut	musst	stellt	nimmst	bauen	hörst
muss	wird	baust	nehmen	wirst	hört	müssen	stellen	hören

4. Drei Wörter gehören immer zusammen:
   Ordne und schreibe so: *kennen – kennt – kennst, ...*

Wir basteln, lesen und spielen

Lernwörter

A 14 Lernwörter

Die <u>Woche</u> ist zu <u>Ende</u>. Aische <u>trifft</u> sich am
Nachmittag mit ihren <u>Freundinnen</u> und Freunden.
Alle Kinder kommen mit dem <u>Rad</u> <u>oder</u> zu <u>Fuß</u> zum
<u>großen</u> <u>Platz</u>. <u>Hoffentlich</u> <u>fängt</u> es <u>dort</u> nicht an zu <u>regnen</u>!

1. Welche Lernwörter gehören zu diesen Wörtern:
   treffen, Räder, Wochen, Freundin, regnet, Füße,
   fangen, hoffen, endlich, groß?
   Schreibe so: *treffen – trifft, …*

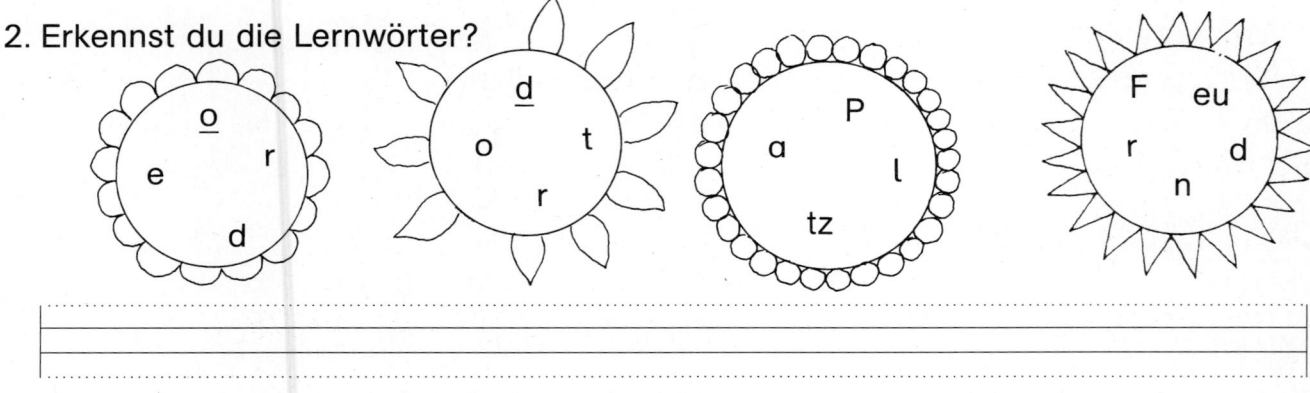

2. Erkennst du die Lernwörter?

3. Welche Lernwörter passen in die Rahmen?

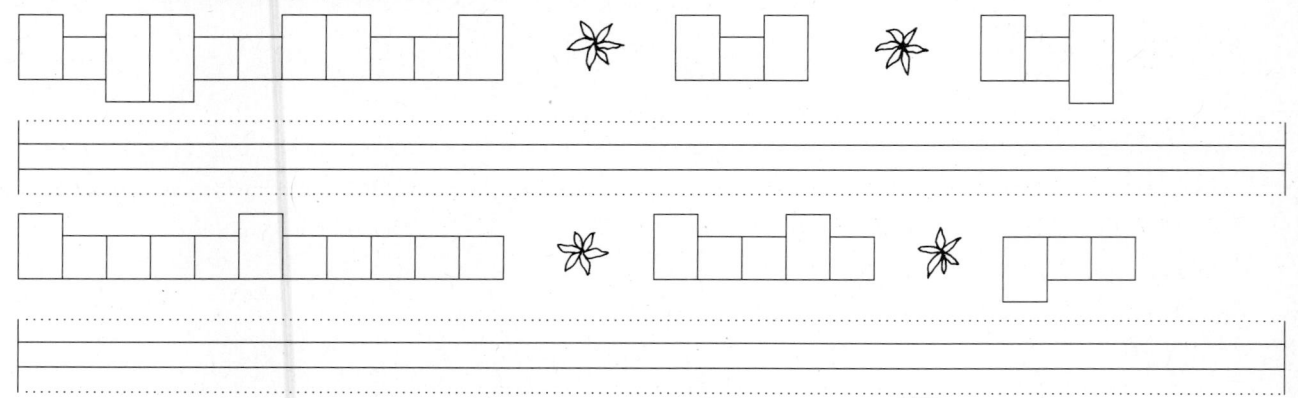

4. Suche dir fünf Wörter aus!
   Baue sie auf und ab!

Zirkus, Zirkus

Großschreibung

A Aus zwei Wörtern wird ein Wort

1. Setze zusammen:

   der Käfig für ein Tier — *der Tierkäfig*

   der Clown im Zirkus

   der Wärter der Elefanten

   das Zelt für den Zirkus

   das Gesicht des Clowns

   die Decke für das Pferd

2. Aus welchen Wörtern sind diese Namenwörter zusammengesetzt?
   Kamelhöcker, Seehund, Eisbär, Pferdestall, Tierdressur, Löwenkäfig, Zirkusplakat, Kopfschmuck, Gewichtheber, Ohrring
   Schreibe so: *das Kamel, der Höcker – der Kamelhöcker, ...*
   Wenn du den Begleiter nicht weißt, schlägst du im Wörterbuch nach.

B Bilderrätsel

3. In jedem Wort stecken zwei Wörter. Schreibe sie auf!

   Regenschirm — *der Regen, der Schirm*

   Sonnenbrille

   Fußball

   Federball

4. Man kann auch mehr als zwei Namenwörter zusammensetzen:
   Tanzbärenhalsbandverschluss
   Wer findet das längste Zirkus-Wort?

Zirkus, Zirkus

Lernwörter

A 14 Lernwörter

Morgen machen die Tiere ein Fest.
Der Hund zieht eine gelbe Hose an.
Das Pferd trägt Blumen in den Haaren.
Die kleine Maus kommt mit dem Rad.
Der Vogel spielt einen Mann.
Er will der Katze auf den Schwanz treten.

Findet ihr die 10 Unterschiede zwischen uns heraus?

1. Welche Wörter fehlen? Trage sie ein:

☐☐☐ die ☐ ein ☐.
Der Hund ☐ eine ☐ ☐ an.
Das Pferd ☐ Blumen in den ☐.
Die ☐ Maus kommt mit dem ☐.
Der ☐ spielt einen ☐.
Er will der ☐ auf den Schwanz ☐.

2. Welche Lernwörter gehören zu den Wörtern?
Männer, Tier, Hosen, klein, macht, Katzen, festlich, Räder, tragen, gelb, ziehen, tritt.
Schreibe so: *Männer – Mann, ...*

3. Ordne die Lernwörter:

Namenwörter (8):

Tuwörter (4):

Wiewörter (2):

Wann machen die Tiere ein Fest?

38

Von der Zeit

Zahlwörter

1 2 3 4 5 6 7 8 9 0

A Wie spät ist es?

08.00
06.30
05.45
04.15
02.45
02.05
12.40
01.25
08.25
09.20
10.00
10.55

B So schreibt man die Uhrzeiten:

ein Uhr, zwei Uhr, drei Uhr, fünf Uhr, sechs Uhr,
sieben, acht, neun, zehn, elf, zwölf Uhr,
fünf nach ein Uhr oder fünf nach eins, zehn nach,
Viertel nach, zwanzig nach, fünf vor halb, halb,
fünf nach halb, zwanzig vor, Viertel vor, zehn vor, fünf vor

Von der Zeit

au, ei, eu

A Ein au-, ei-, eu-Rätsel

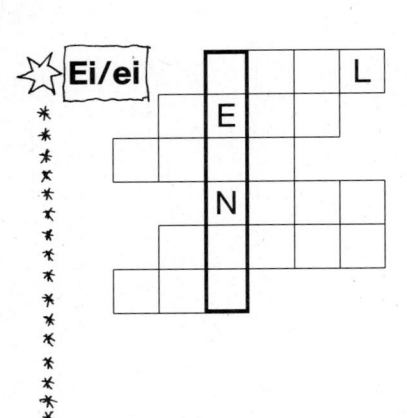

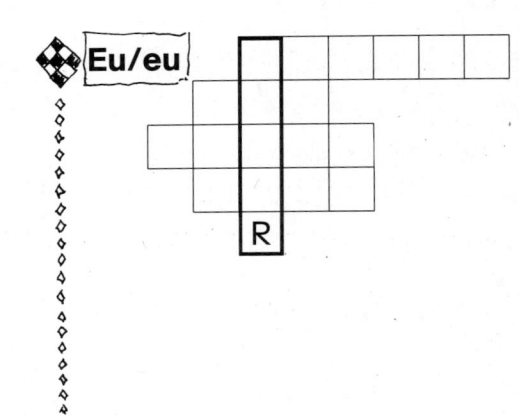

Au/au — M, R, U, H, H, G, N

Ei/ei — L, E, N

Eu/eu — R

1. In jede Zeile passt ein Wort. Trage ein:
   - BRAUN, HAUS, AUGE, AUCH, KAUFEN, AUTO, BAUM, RAUM
   - EIN, NEIN, WEIL, BEIN, SEITE, WEIN
   - NEUN, NEU, HEUTE, FREUND

2. Wie heißen die drei Lösungswörter?

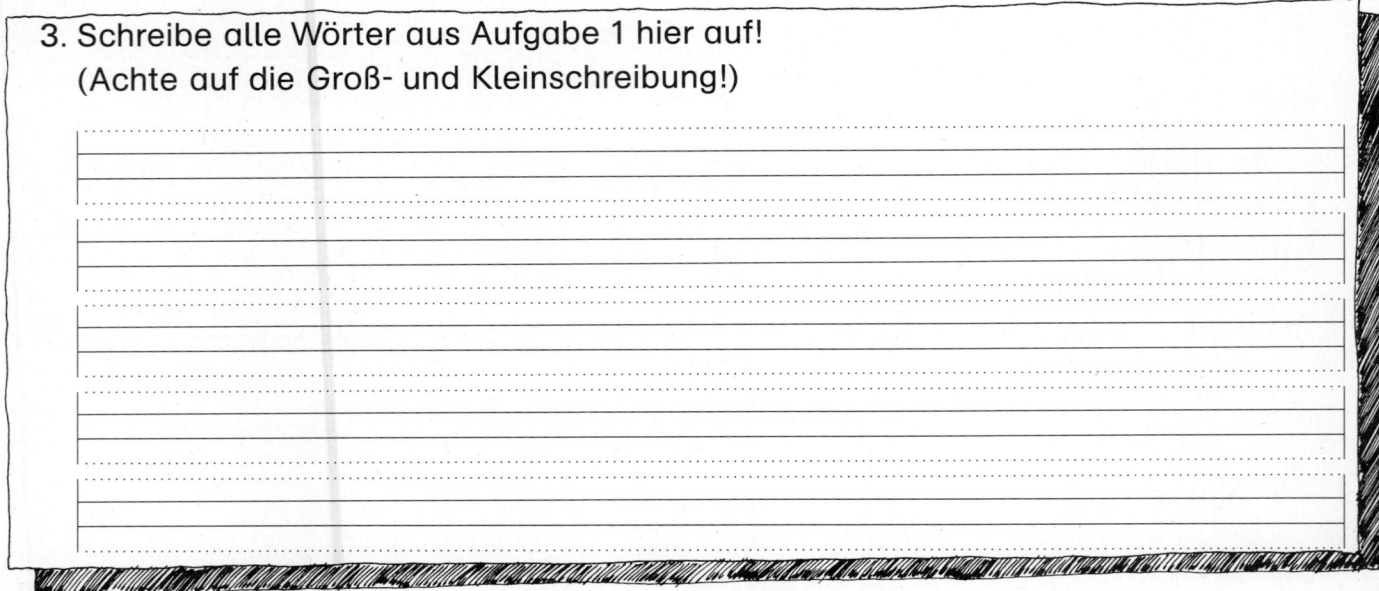

3. Schreibe alle Wörter aus Aufgabe 1 hier auf!
   (Achte auf die Groß- und Kleinschreibung!)

B Reimwörter

4. Setze die Reimwörter zusammen!

St, kl, n, m, d, s, f — ein

Von der Zeit

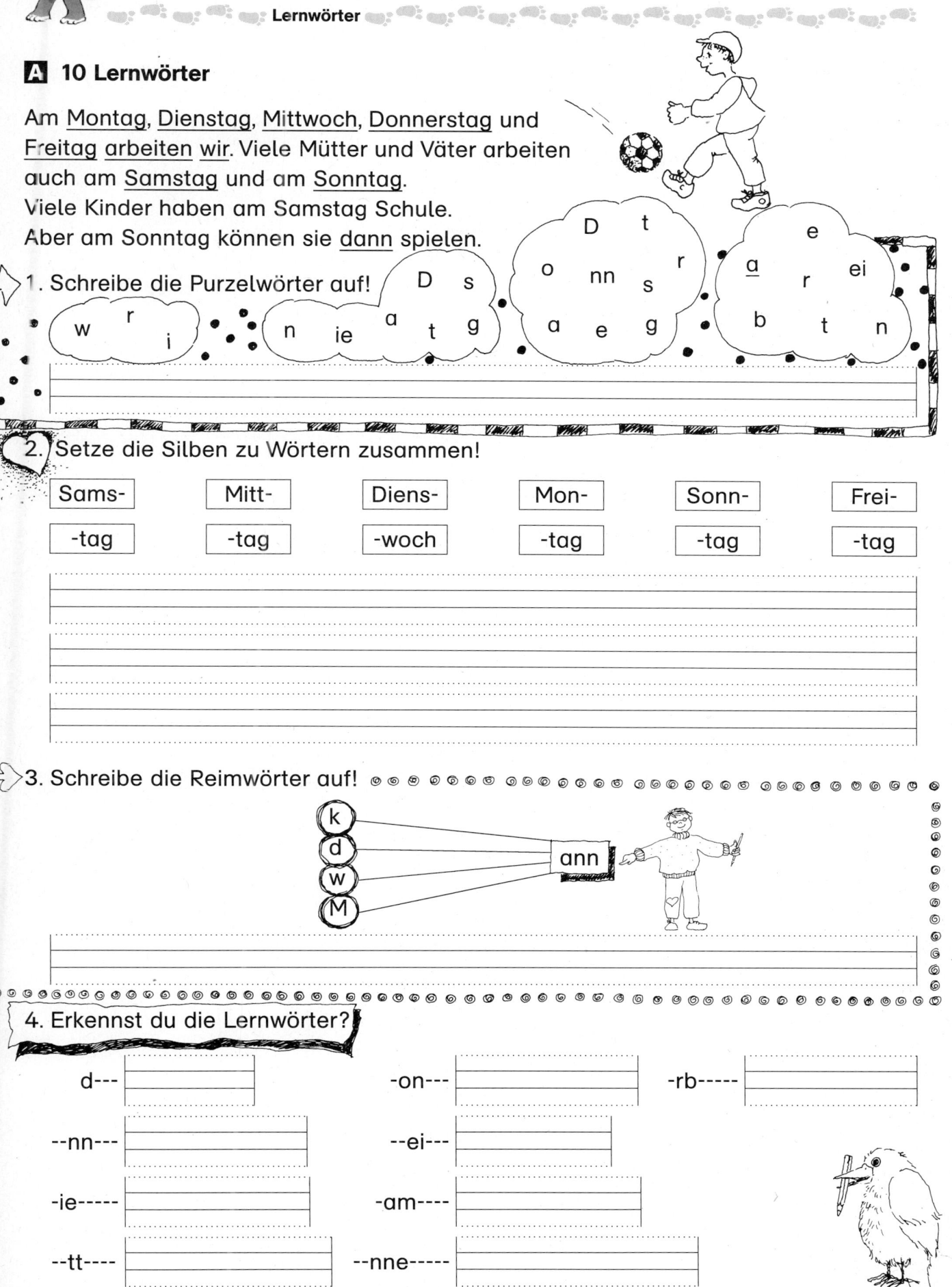

Lernwörter

A 10 Lernwörter

Am <u>Montag</u>, <u>Dienstag</u>, <u>Mittwoch</u>, <u>Donnerstag</u> und <u>Freitag</u> <u>arbeiten</u> <u>wir</u>. Viele Mütter und Väter arbeiten auch am <u>Samstag</u> und am <u>Sonntag</u>.
Viele Kinder haben am Samstag Schule.
Aber am Sonntag können sie <u>dann</u> spielen.

1. Schreibe die Purzelwörter auf!

2. Setze die Silben zu Wörtern zusammen!

Sams-	Mitt-	Diens-	Mon-	Sonn-	Frei-
-tag	-tag	-woch	-tag	-tag	-tag

3. Schreibe die Reimwörter auf!

   k / d / w / M → ann

4. Erkennst du die Lernwörter?

d--- ___   -on--- ___   -rb----- ___

--nn--- ___   --ei--- ___

-ie----- ___   -am---- ___

--tt---- ___   --nne----- ___

Von der Zeit

Lernwörter

A 19 Lernwörter

Tage, Wochen, Monate
Jeder Tag hat viele Stunden. Jeder Monat hat
vier Wochen. Zwölf Monate sind ein Jahr:
April, August, Dezember, Februar, Januar, Juni, Juli,
Mai, März, November, Oktober und September.

1. Ordne die Monate der Reihe nach! Schreibe auf!

2. Erkennst du die Wörter aus dem Text?

   (Zwölf, Monat, vier, Tag, Jahr, viele, Stunden)

3. Welche Monate sind das?

Von der Zeit

x, qu, aa, ee, oo

A Kreuz und quer mit x und qu

1. Setze die Wörter richtig ein:
   - extra, Text, Hexe, boxen
   - quaken, bequem, quer, Qualm, Quark!

   Wie heißen die Lösungswörter?
2. Schreibe alle elf Wörter hier auf:

3. In welche Kästchen gehören die Wörter Boot, Kaffee, Meer, Schnee, See, Zoo?
   Wie heißt das Lösungswort?

B Wörterbaum

4. Setze die passenden Wörter zusammen! Schreibe sie auf: *der Schneemann,* …

Schnee	Kanne
Tee	Mann
Kaffee	Boot
Ruder	Tasse
Meer	Besuch
Zoo	Salz
Küchen	Farbe
Haar	Waage

Winter

Wörter gliedern

A Ich, du, er ...

1. Schreibe Sätze auf!

Ich	machen	mache	machst	macht	zum Schilift.
Du	können	kann	kannst	kann	einen Schneeball.
Er	nennen	nenne	nennst	nennt	gut rodeln.
Wir	wollen	will	willst	will	seinen Namen.

2. Achte auf das Wortende! Schreibe auf!

können	kann	kannst	kann	du kannst	er kann
treffen	treffe	triffst	trifft	du	er
bitten	bitte	bittest	bittet	du	er
nehmen	nehme	nimmst	nimmt	du	er
fallen	falle	fällst	fällt	du	er

3. Was gehört zusammen? Schreibe auf!

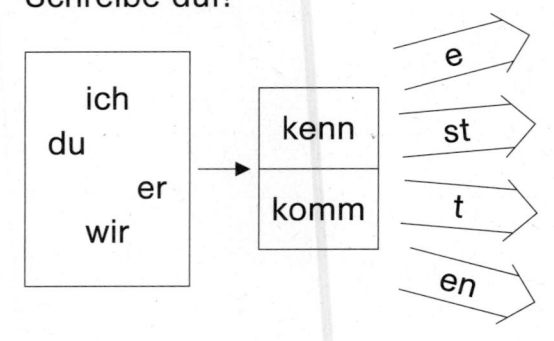

ich / du / er / wir → kenn / komm — e / st / t / en

ich kenne   ich komme
du
er
wir

44

Winter

Großschreibung

A Winterwörter und Sommerwörter

1. Ordne die Wörter vom Bild so:
   Zum Winter gehören: Schi, ...
   Zum Sommer gehören: Hitze, ...

Wörter im Bild: Mütze, Schal, Schi, Hitze, SCHLITTEN, Erdbeeren, NEUJAHR, Schlittschuh, SCHNEEBALL, KÄLTE, ORANGEN, SCHNEE, Himbeeren, Freibad, Nüsse, Stiefel, EIS, Tannenbaum, KIRSCHEN, APFEL

2. Findest du auch Urlaubswörter, Schulwörter, Wohnungswörter? Verwende das Wörterbuch!

45

Frühling

ei

A Genau hinsehen, sprechen, schreiben

1. Kreuze an, in welchen Wörtern Ei oder ei steckt!

○ *arbeiten* ○ Papagei ○ **Zeit** ○ **bei** ○ *meinen* ○ *viel* ○ Pause ○ Eis
○ weiß ○ heute ○ *scheinen* ○ Kleid ○ **nein** ○ **Eule** ○ Pfeife ○ *Haus*
○ Spiel ○ Auto ○ heiß ○ Feuer ○ *Ei* ○ Brief ○ **sieben** ○ **einfach**
○ Fliege ○ *leicht* ○ Seite ○ Bleistift ○ Wiese ○ nie ○ *meint* ○ scheint

2. Schreibe die Wörter mit Ei/ei auf:

3. Findest du die Reimwörter?
Schreibe sie untereinander auf!

schreiben	zwei	eines	kein	Bein	meinen	gleich	weit
bl___	dr___	m___	d___	m___	k___	w___	s___
r___	Br___	k___	s___	kl___	w___	r___	Z___

4. Kreise bei allen Wörtern auf dieser Seite ei blau ein!

Frühling

ie

A Verkehrte Welt

Eine Ziege fliegt in der Stube umher.
Der Stier sammelt Honig. Die Fliege meckert im Stall.
Die Biene weidet auf der Wiese.

1. Bringst du die verkehrte Welt wieder in Ordnung?
   Schreibe die Sätze so auf, dass alles stimmt!

B Reimwörter

Tier	lieb	liegen	Spiel	die	Fliege
Ziege	wie	Ziel	fliegen	Sieb	vier
Dieb	biegen	hier	viel	nie	Wiege

2. Immer drei Wörter reimen sich.
   Schreibe so: Tier
                 hier
                 vier

3. Trage richtig ein:
   fliegen, fliegst, fliege, fliegt, fliegt, fliegen.

   ich _____   er _____   ihr _____
   du _____   wir _____   sie _____

4. Setze alle ie auf dieser Seite in ein rotes Warndreieck: T/ie\r, ...

Sommer

ie, ei, au, äu

A äu kommt von au

1. Welche Wörter gehören zusammen? Trage sie in die Tabelle ein!
Haut, Laus, Bauch, Häute, Bäuche, Läuse, Mäuse, Traum, Häuser, Maus, Träume, Haus, Zaun, Baum, Zäune, Bäume

Einzahl	Mehrzahl	Einzahl	Mehrzahl
die Maus	die Mäuse		

2. Was gehört zusammen? Ordne zu und schreibe auf:

träumen	ich	laufen
träumt	du	läuft
träume	er	laufe
träumst	wir	läufst

ich laufe, ich
du
er
wir

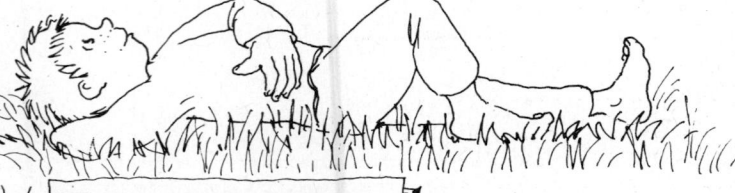

B Verwandte Wörter

Rauch, laut, Bäuerin, verkaufen, Bauer,
räuchern, läuten, Verkäufer, Auto

3. Zwei Wörter gehören immer zusammen.
Was bleibt übrig? Kreise das Wort ein!